MERIAN *live!*

W0033356

ERFURT

Andrea Lammert ist als Reisejournalistin seit Jahren in Deutschland unterwegs. Regelmäßig besucht sie Erfurt und staunt immer wieder über das vielfältige Gesicht der Stadt.

 Familientipps

 Barrierefreie Unterkünfte

 Hunde erlaubt

 Umweltbewusst Reisen

 FotoTipp

 Faltkarte

Preise für ein Doppelzimmer mit Frühstück:

€€€€ ab 100 €   €€€ ab 80 €
€€ ab 50 €   € bis 50 €

Preise für ein dreigängiges Menü ohne Getränke:

€€€€ ab 40 €   €€€ ab 25 €
€€ ab 15 €   € bis 15 €

INHALT

◄ Erfurts Fischmarkt mit Blick auf schöne
Patrizierhäuser sowie das Rathaus (► S. 78).

Willkommen in Erfurt

Die thüringische Landeshauptstadt beeindruckt nicht nur mit ihrer schönen Altstadt. Es lohnt sich, genauer hinzuschauen und außergewöhnliche Cafés und Boutiquen zu finden.

Jung, kreativ – und völlig unterschätzt. Mit diesen Worten könnte man Erfurt beschreiben. Die Thüringer Landeshauptstadt hat noch immer Geheimtippcharakter. Und genau das macht das Lebensgefühl in Erfurt aus. Berlin, München und Hamburg mögen Trendsetter sein, aber Trends gibt es auch in Thüringen. Dort erobern sie sich ihren festen Platz im Stadtbild und geben Erfurt eine ganz eigene Atmosphäre. Etwa mit außergewöhnlichen Läden auf der Langen Brücke, die sich hinter mittelalterlichen Fachwerkfassaden verstecken. Aus dem einen duftet es nach hausgemachter Seife, aus dem anderen nach selbst gemachter

Pasta, im dritten finden sich witzige Handpuppen im Schaufenster.

Das besondere Flair

Erfurt ist eine Stadt, in der es sich gut einkaufen lässt. Die Innenstadt verfügt über genau das richtige Format, um sie beim Bummel zu Fuß zu durchstreifen. Dabei geht der Blick immer wieder zu den außergewöhnlichen Patrizierhäusern – Erfurts alter Siedlungskern gehört zu den größten mittelalterlichen Altstädten Deutschlands. Allein 20 gotische Kirchen sind hier zu finden, umgeben von reichen Bürger- und Handelshäusern. Besonders in der Weihnachtszeit hat diese Stadt

◂ Restaurants mit schönen Sonnenterrassen direkt an der Gera laden zu einer Pause ein.

ein besonderes Flair, wenn die Fassaden mit Lichtern geschmückt sind und auf dem größten Marktplatz Deutschlands ein riesiger Tannenbaum leuchtet.

Doch auch im Sommer ist die Stadt auf jeden Fall eine Reise wert. Dann bringt die Sonne die bunten Fachwerkfronten zum Leuchten und fotobegeisterte Gäste in einen Motivrausch. Dabei werden sie immer wieder auf die Reliefs an den Mauern stoßen. Denn in Erfurt tragen die Häuser fantasievolle Bezeichnungen. Sie heißen etwa »Zum Einhorn« oder »Zum Güldenen Hecht«. Diese Häusernamen erinnern an eine Tradition aus dem Mittelalter, als viele Menschen nicht lesen und schreiben konnten. Deshalb wurden die Bauten mit entsprechenden Schildern ausgestattet. Und daneben finden sich weitere Schilder: »Hier wohnte Martin Luther«. Er hat in der Stadt der fast 100 Kirchen und Klöster einst seine geistliche Karriere begonnen. Erfurt bleibt eine Stadt des Glaubens, hier predigte Meister Eckhart, und 2011 war selbst der Papst in der Stadt zu Gast.

Stadt voller Kleinode

Doch das wirklich Faszinierende an Erfurt ist vielleicht seine Sonderstellung. Erfurt hat niemals wirklich zu Thüringen gehört, erst stand es unter Mainzer Verwaltung, dann wurde es preußisch oder gar schwedisch. Dass Erfurt einst reich war, ist den Häusern heute noch anzusehen. In Erfurt verzaubern die schmuckvollen Patrizierhäuser mit ihren detailreichen Verzierungen – allen voran das Haus zum Breiten Herd am Fischmarkt, aber auch die kleinen Häuschen rund um das Andreasviertel erstrahlen liebevoll herausgeputzt. Erfurt steckt voller baulicher Kleinode. Sie sind frisch saniert, bisweilen gar zu neuen Museen geworden wie die Alte Synagoge mit ihrem erstaunlichen Schatz. Die Stadt überrascht mit grünen Oasen mitten im urbanen Trubel. Die kleinen Inseln in der Gera, gleich hinter der Erfurter Krämerbrücke, erinnern eher an dörfliche Idylle des 20. Jahrhunderts als an eine Landeshauptstadt. Nur wenige Schritte entfernt jedoch pulsiert das Leben, etwa in der Fußgängerzone rund um den Fischmarkt oder auch am Mariendom. Insgesamt ist Erfurt zwar Zeugnis vergangener Zeiten, aber keineswegs ist die Zeit stehen geblieben.

Erfurt ist jung

Knapp 70 Prozent der neu Zugezogenen sind zwischen 18 und 34 Jahre alt. Sie lernen nicht nur an der Universität, sondern eröffnen auch nach dem Studium kleine Läden, Pensionen oder Kulturzentren. So wirkt die Landeshauptstadt dem ostdeutschen Trend der Abwanderung entgegen. Vielmehr noch – ihre Einwohnerzahl steigt sogar. Auch die Geburtenrate wächst kontinuierlich. Der Erfurter Sänger und Rapper Clueso bringt es in seinem Lied auf den Punkt: »Bleib einfach hier und lern dich umzusehen.« Genau das lohnt sich in Erfurt. Ob auf der Krämerbrücke in außergewöhnlichen Läden zu stöbern, bei einem Abend im Kabarett oder beim Besuch des Wochenmarktes.

MERIAN TopTen

MERIAN zeigt Ihnen die Höhepunkte der Stadt: Das sollten Sie sich bei Ihrem Besuch in Erfurt nicht entgehen lassen.

Die längste überbaute Brücke, die älteste Synagoge, der prächtige Dom – Erfurts Sehenswürdigkeiten sind längst keine Geheimtipps mehr. Hier hat Martin Luther sich entschieden, Priester zu werden, und Meister Eckhart hat Nachdenkliches von sich gegeben. Die Stadt ist geprägt von sakralen Bauten und christlichen Geschehnissen – und zwischendrin gibt es immer wieder schöne Plätze zum Ausruhen und Staunen.

MERIAN TopTen 360°

Damit Sie sich vor Ort schneller orientieren können, finden Sie zu ausgewählten MERIAN TopTen auf den folgenden Seiten Umgebungskarten mit Restaurant-, Einkaufsempfehlungen und Tipps für weitere Sehenswürdigkeiten.

★1 Thüringer Rostbratwurst
Das Original sollte man wenigstens einmal probiert haben, am besten direkt vom Holzkohlegrill in den Mund (▶ S. 31).

★2 Alte Synagoge
Älteste noch erhaltene Synagoge Europas mit einem echten Schatz (▶ S. 52).

★3 Augustinerkloster
Hier begann Martin Luthers Weg in die Kirche (▶ S. 55).

★4 egapark
Ein Muss für Familien, denn der Park hat den besten Spielplatz der Stadt (▶ S. 58).

★5 Fischmarkt
Mit seinen Patrizierhäusern zählt er zu den schönsten mittelalterlichen Plätzen (▶ S. 61).

★6 Haus zum Stockfisch
Mit der Renaissancefassade im Schachbrettmuster gehört es zu den prächtigsten Häusern der Stadt (▶ S. 66).

★7 Krämerbrücke
Die längste mit Häusern bebaute Brücke nördlich der Alpen (▶ S. 70).

★8 Mariendom
Zusammen mit der benachbarten Sankt-Severi-Kirche ein einmaliges Ensemble (▶ S. 74).

★9 Predigerkirche
Bedeutendes Zeugnis der Bettelorden-Architektur in Deutschland (▶ S. 77).

★10 Zitadelle Petersberg
Einzigartige Festung aus der Zeit des Barock. Sogar einen Weinberg gibt es (▶ S. 85).

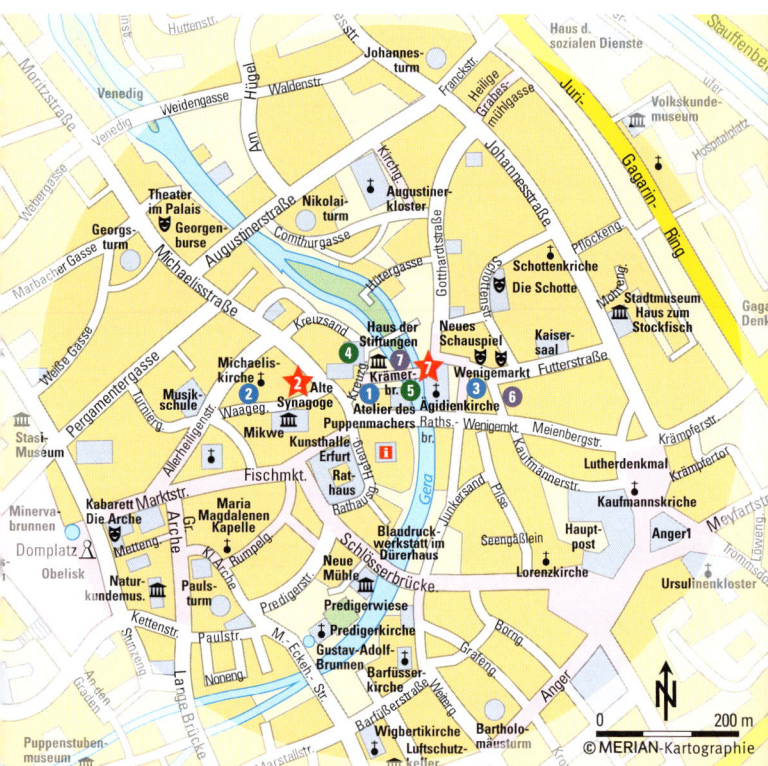

360° Alte Synagoge, Krämerbrücke

MERIAN TopTen

2 **Alte Synagoge**
Die älteste Synagoge Europas aus dem 11. Jh. präsentiert in dem 2009 eröffneten Museum Zeugnisse jüdischen Lebens in der Stadt (▸ S. 52).
Waagegasse 8

7 **Krämerbrücke**
Die längste bebaute Brücke nördlich der Alpen punktet mit außergewöhnlichen Shops, Ateliers und Restaurants (▸ S. 70).

SEHENSWERTES

1 **Atelier des Puppenmachers**
In der Werkstatt entstehen Gesichter aus Holz (▸ S. 71).
Krämerbrücke 10

2 **Michaeliskirche**
Luther hat hier oft gepredigt. Die Kirche beherbergt die älteste Glocke der Stadt (▸ S. 75).
Michaelisstr. 11

3 **Wenigemarkt**
Der kleine Platz erinnert mit

seinen Cafés ein wenig an franzö-
sische Dörfer (▸ S. 84).
Wenigemarkt

ESSEN UND TRINKEN

4 **Goldhelm Schokolade**
Handgefertigte Köstlichkeiten
aus Kakao (▸ MERIAN Tipp, S. 15).
Kreuzgasse 5

5 **Mundlandung**
Feinkostbistro mit Stil mitten
auf der Krämerbrücke (▸ S. 28).
Krämerbrücke 28

EINKAUFEN

6 **Born Senf-Laden**
Ein ganzer Laden ausschließlich mit Senf – das freut nicht nur
die Bratwurstfans. Ein kleines Museum gehört dazu (▸ S. 34).
Wenigemarkt 11

7 **Kleinformat**
Aquarelle gibt es hier in Brief-
markengröße. Sie sind quietsch-
bunt und doch nicht kitschig
(▸ S. 33).
Krämerbrücke 25

360° Mariendom

MERIAN TopTen

8 Mariendom
Er thront über einem der größten Plätze Deutschlands. Gemeinsam mit der St.-Severi-Kirche bildet der Mariendom ein einmaliges Bauensemble (▸ S. 74).

SEHENSWERTES

1 Minervabrunnen
Gemeinsam mit dem Ehrtal-Obelisken eines der Denkmäler direkt auf dem Domplatz (▸ S. 76).
Domplatz

2 Sankt-Severi-Kirche
Die schlanke Kirche bildet einen Kontrast zum mächtigen Mariendom. Sehenswert ist vor allem der Altar dieses bedeutenden gotischen Baus (▸ S. 79).
Domstufen 1

3 Stasi-Museum
Beeindruckende Dokumentation über das SED-Regime und das Ende der DDR. Hier war früher ein Stasi-Gefängnis (▸ S. 92).
Andreasstr. 37a

ESSEN UND TRINKEN

4 **Café Nerly**

Ganz im Stil der 1920er-Jahre gehaltenes Kultcafé Erfurts. Großzügiger Salon mit restaurierten historischen Möbeln (▸ S. 29).
Marktstr. 6

5 **Castillo Catalana**

Im Kellergewölbe werden spanische Gaumenfreuden serviert; darunter recht außergewöhnliche Kreationen (▸ S. 25).
Marktstr. 34b

6 **Due Angeli**

Wo schon Helmut Kohl und Martin Luther speisten, kann man heute mediterrane Köstlichkeiten genießen (▸ S. 25).
Domplatz 31

EINKAUFEN

7 **Wochenmarkt**

Von Montag bis Samstag gibt es hier Frisches von den fruchtbaren Äckern am Rande Erfurts (▸ S. 84).
Domplatz

Sibyllentürmchen ⑤

Eingang
Gothaer Platz

Karl-
Foerster-
Garten

Japanischer
Garten

② Naturerlebnispfad

Gothaer Straße

Deutsches
Gartenbaumuseum

Skulpturengarten

Waldpark ⑥ egapark-Express

① Cyriaksburg

Kleingartenanlage

Staudenschau

⑦ Spielplatz im
egapark

④ egapark

Philippswiese

Terrassen-
garten

Rosengarten

Dahlienschau

Liliengarten Irisgarten

Kakteenhaus

③

Eingang
Burg-Gleichen-Weg

Haupt-
eingang

Große Wiese

Ausstellungs-
hallen

MDR
④

0 _____ 300 m

© MERIAN-Kartographie

360° egapark

MERIAN TopTen

⭐ **egapark**
④ Thüringens größter Spielplatz befindet sich im Prunkgarten
der Stadt – ein Meisterwerk der
Gartenkunst (▸ S. 58).
Gothaer Str.

SEHENSWERTES

① **Cyriaksburg**
Die Türme der ehemaligen Zitadelle eröffnen einen weiten Blick
über Stadt und Land (▸ S. 59).
egapark

② **Japanischer Garten**
Nicht immer nur deutsche
Gartenbaukunst ist sehenswert –
hier wird Akkurates aus Fernost
gezeigt. Besonders schön zur Blüte der japanischen Kirsche im
Frühling (▸ S. 99).
egapark

③ **Kakteenhaus**
Das Kakteenhaus beeindruckt
mit der großen Formenvielfalt der
dornigen Pflanze (▸ S. 99).
egapark

4 MDR
Die fünftgrößte ARD-Anstalt bietet Möglichkeiten zum Studiobesuch (▸ S. 74).
egapark

5 Sibyllentürmchen
Kleine Andachtstätte mitten auf der alten Via Regia (▸ S. 81).
Gothaer Str. 38

6 Skulpturengarten
Mehr als 70 Kunstwerke sind auf einer Ausstellungsfläche von 4500 qm zwischen Blättern und Bäumen in Szene gesetzt. Hecken bilden die Räume für dieses Museum (▸ S. 59).
egapark

AKTIVITÄTEN

7 Spielplatz im egapark 👫
Mit dem Bauernhof und dem großen Wassermatschbereich einer der schönsten Spielplätze Thüringens mit Riesenwasserrutsche (▸ MERIAN Tipp, S. 16).
egapark

2

MERIAN Tipps

Mit MERIAN mehr erleben. Nehmen Sie teil am Leben der Stadt und entdecken Sie Erfurt, wie es nur Einheimische kennen.

⭐ Villa Haage/Mandala Beach Club 📖 südwestl. A 6

In einer alten Backsteinvilla im Kressepark findet sich ein außergewöhnliches Gasthaus. Tagsüber sitzt man hier und genießt eine Forelle oder ein Kressesüppchen. Die berühmte Erfurter Brunnenkresse wird seit 1769 angebaut. In unmittelbarer Nähe zu den Fischteichen ist ein außergewöhnliches Plätzchen entstanden, an dem man traditionell die frisch gefangene Forelle oder einen Karpfen isst. Dienstags ist Piano-Abend. Im Sommer lockt der wunderschöne Außenbereich mit Sandfläche, Palmen, Pool, einem Springbrunnen und Sonnenliegen. In den Abendstunden verwandelt er sich in einen Strandclub. Das Gelände ist dann herrlich illuminiert. Dem

Gelände angeschlossen ist auch ein Hofladen.

Löbervorstadt • Motzstr. 8 • Tram: Steigerstraße • Tel. 03 61/7 89 44 13 • www.kressepark-erfurt.de/villa-haage • tgl. 11.30–24 Uhr

⭐2 Goldhelm Schokolade ▸ Klappe vorne, d 3

Pralinen mit Blümchenfüllung, Kakao mit scharfem Chili-Kick – Goldhelm-Schokolade versüßt die Stadt mit ganz besonderen Leckereien. Direkt am jüdischen Ritualbad, der Mikwe, liegt ein Paradies für Schokoholics: Die Schokoladenmanufaktur Goldhelm macht wirklich einzigartige Pralinen. Hier können die Gäste die besten Naschereien zum Kaffee schlemmen und den Schokoladenmachern dabei auch noch über die Schulter schauen. In den hinteren Räumen liegt die Manufaktur und verströmt den Duft durch die ganzen Räume. Und das alles in einem hübschen französischen Ambiente, das sehr an den Film »Chocolat« erinnert.

Altstadt • Kreuzgasse 5 • Tram: Fischmarkt/Rathaus • Tel. 03 61/6 60 98 51 • www.goldhelm-schokolade. de • tgl. 12–18 Uhr

⭐3 Blaudruckwerkstatt im Dürerhaus ▸ Klappe vorne, d 4

Eine Farbe steht wie keine andere für Erfurt – Blau. Sie hat den Reichtum in die Stadt gebracht, denn Erfurt war ein Zentrum des Anbaus von Färberwaid. Lange Zeit lieferte die Pflanze den einzigen natürlichen Farbstoff, um Kleidung kräftig blau zu färben. Im späten 17. Jh. löste das Indigo die heimische Farbe ab. Heute ist der

berühmte Färberwaid aus der Stadt verschwunden, die alte Kunst des Blaudrucks kennt auch fast niemand mehr. Eine Ausnahme bildet dabei die Blaudruckwerkstatt im Dürerhaus. Hier wird tatsächlich noch so gearbeitet wie schon vor 300 Jahren – mit Tauchbädern, Modeln für Muster und

langen Stoffbahnen. Die Stücke sind im Laden zu sehen, gerne zeigt der Chef auch seine Werkstatt im Keller. Wer mehr wissen will über das Handwerk des Blaudrucks, kann im Dürerhaus einen Kurs buchen.

Altstadt • Schlösserstr. 38 • Tram: Fischmarkt • Tel. 03 61/6 42 13 93 • www.blaudruck-erfurt.de • Mo–Fr 10–19, Sa 10–14 Uhr

⭐4 Theaterspaziergang

Mit einer flackernden Fackel bestückt, geht es durch das nächtliche Erfurt. Der Stadtführer gibt Sagen oder Kriminalgeschichten zum Besten. Auch mit einem kauzigen Erfinder gibt es eine witzige Tour. Gespielt werden sie von echten Schauspielern, das macht die Szenen so mitreißend.

Hochstedt • Waidgarten 10 • Tel. 03 62 03/7 35 74 • www.theaterfirma.de

⭐ 5 Spielplatz im egapark

 südwestl. A 6

Ein Paradies für Kinder: größter Spielplatz Thüringens mit Matschzone, Kletterpyramiden und Riesenwasserrutsche. Der Spielplatz misst insgesamt mehr als 31000 qm und ist der größte im Freistaat. Doch er soll sogar noch größer werden. Für die Bundesgartenschau 2021 plant Erfurt einen noch geräumigeren Tobebereich mit 30 neuen Geräten und zusätzlichen, eigenen Kinderbeeten. Nebenan liegen Schmetterlingshaus, Kinderbauernhof und Sternwarte. Im Gartenbaumuseum (▶ S. 88) hören die Kinder Käfern beim Fressen zu, drucken mit Blättern und legen einen Garten für die Fensterbank an.

Brühlervorstadt • Gothaer Str. 38 • Tram: ega • www.egapark-erfurt.de • Nov.–Mitte März tgl. 10–16, Mitte März–Okt. tgl. 9–18 Uhr • Eintritt in der Nebensaison frei, in der Hauptsaison Erwachsene 8 €, erm. 6,50 €, Familien 22 €

⭐ 6 Mitspieltheater Die Schotte

▶ Klappe vorne, e 2

Kindern und Jugendlichen ein Forum zu geben, um sich auszudrücken und selbstbewusst zu werden, ist wichtig. Wenn dabei auch noch Theaterstücke herauskommen, die eine echte Bereicherung für die Kulturszene sind, dann ist es ein Gewinn für alle. Dabei entstehen Musicals ebenso wie Komisches oder auch Improvisationstheater. Viele der Stücke haben einen aktuellen, gesellschaftskritischen Charakter. Premieren und

das Improvisationstheater sind oft weit im Voraus ausverkauft. Doch die Schotte als reines Jugendtheater zu bezeichnen wäre zu wenig. Sie kann durchaus auch mit Stücken für Erwachsene punkten – ein Blick in das Programm lohnt sich also in jedem Fall. Dort finden sich mit ein bisschen Glück auch Uraufführungen.
Altstadt • Schottenstr. 7 • Tram: Anger • Tel. 03 61/64 3 17 22 • www. theater-die-schotte.de

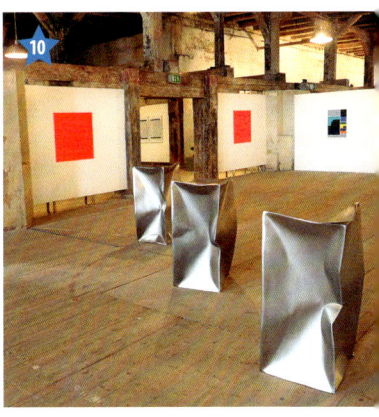

Shopping an der Langen Brücke ▶ Klappe vorne, c 5

Witzige Läden kann nicht nur die Krämerbrücke. Entlang der Langen Brücke finden sich außergewöhnliche Geschäfte: Selbstgeschneidertes verkauft die eine Boutique, andere handgefertigte Seifen oder mexikanische Mützen. Die beste Strecke führt vom Domplatz über die Kettenstraße in die Lange Brücke.
Altstadt • Lange Brücke

8 Luisenpark ▮▮ südwestl. A 5

Der wohl schönste Park Erfurts liegt südlich vom ega: Der Luisenpark grenzt direkt an die Ufer der Gera und besticht mit seinen langen Alleen Schatten spendender Bäume am Wasser. Besonderheit sind die drei Brunnen, aus denen man heute noch Quellwasser schöpfen kann. Ein wunderschöner Ort für Spaziergänge jenseits der Stadthektik.
Brühlervorstadt • Cyriakstr./Alfred-Hess-Str. • Tram: Luisenpark

9 Venedig ▶ Klappe vorne, b/c 1

Gleich hinter der Krämerbrücke wird Erfurt grün: Dort liegt Venedig als kleine Insel in den Gera-armen und erinnert mit seinen blühenden Gärten und Wassermühlen an eine dörfliche Idylle. Der Name Venedig ist vielleicht etwas hoch gegriffen, derart viele Kanäle oder auch Boote gibt es hier nicht, dennoch verzaubert der Platz, weil es eine Ruheinsel in der trubeligen Stadt ist. Einfach unter einen schattigen Baum setzen und Enten füttern.
Altstadt • Venedig • Tram: Fischmarkt

Forum Konkrete Kunst ▶ Klappe vorne, a 3

In der ehemaligen Klosterkirche St. Peter und Paul kann der Besucher heute konkrete konstruktive Kunst bewundern: Installationen, Bilder oder Objekte. Die abstrakten Plastiken und Gemälde bilden mit ihrer oftmals sehr geometrisch ausgerichteten Klarheit einen sehr schönen Gegensatz zu dem alten Gemäuer.
Altstadt • Petersberg • Tram: Domplatz • www.forum-konkrete-kunst-erfurt.de • Mi–So 10–18 Uhr • Eintritt 4 €, Kinder 2,50 €

Die 120 m lange, bebaute Krämerbrücke (▶ MERIAN TopTen, S. 70)
ist das Wahrzeichen Erfurts. Hier gibt es außergewöhnliche Läden –
und keine der sonst allgegenwärtigen Filialen großer Ketten.

Zu Gast in **Erfurt**

Thüringer Gastfreundschaft ist jung: Viele Hotels und Restaurants sind in den vergangenen Jahren entstanden und bieten dem Reisenden modernen Komfort.

Übernachten

Viele Gäste quartieren sich in den alten Gemäuern des
Augustinerklosters ein. Darüber hinaus bietet Erfurt eine
Reihe großer Häuser – das höchste ist das Radisson Blu.

◄ Das Tabakskolleg im Hotel Zumnorde (▸ S. 21). Hier werden edle Zigarren und alter Whiskey serviert.

Die thüringische Landeshauptstadt gewinnt mehr und mehr an Bedeutung als Reiseziel. Besonders beliebt sind Aufenthalte in Erfurt im Doppelpack mit Weimar. In den vergangenen Jahren sind viele neue Hotels entstanden, vorwiegend Häuser großer, internationaler Ketten.

Vorsicht bei der Buchung

So ist die Hotellandschaft geprägt von neuen und modern ausgestatteten Gebäuden. Ein echter Tipp für Erfurt sind die Gästehäuser des Augustinerklosters, allen voran das **Gästehaus Nikolai**. Hier wohnt man zentral und in historischen Gemäuern. Insgesamt verfügt Erfurt über 64 Hotels und Pensionen mit 4891 Betten.
Die vielen kleinen, privat geführten Hotels, die für das benachbarte Weimar so typisch sind, gibt es kaum in der Stadt. Doch die wenigen kleinen und familiären Übernachtungsmöglichkeiten sind wirklich sehenswert, etwa das Hotel des Schuhladenbetreibers **Zumnorde** (▸ S. 21). Szenig zeigen sich auch kleine Pensionen wie das **Peckham's** (▸ S. 23). Durch den Erfolg in Weimar erhebt nun auch Erfurt eine Kulturförderabgabe. Sie beträgt 5 % des Hotelpreises und wird bei der Rechnung meistens auf den Betrag aufgeschlagen. Zu den beliebten Messen und Festen in Erfurt, etwa zum Krämerbrückenfest, sind die Unterkünfte merklich teurer.

Preise für ein Doppelzimmer mit Frühstück:
€€€€	ab 100 €	€€€	ab 80 €
€€	ab 50 €	€	bis 50 €

HOTELS €€€€

Brühlerhöhe   ▸ Klappe vorne, westl. a 4
Familiär • In dem eher kleinen Hotel herrschen klare Linien und modernes Design. Die Zimmer sind geräumig, einige haben sogar eine eigene Sofaecke. Besonders romantisch sind die Herbergen unter der Dachschräge. Brühlervorstadt • Rudolfstr. 48 • Tram: Justizzentrum • Tel. 0361/2414990 • www.bruehlerhoehe.de • 26 Zimmer • €€€€

Hotel Am Kaisersaal
▸ Klappe vorne, e 3
Zentral an der Krämerbrücke • Mit seinen Zimmern im Businessstil ist dieses Hotel auch attraktiv für viele Geschäftsreisende. Die Zimmer sind nüchtern und hochwertig eingerichtet, frisch eingeweiht ist ein Erweiterungsbau. Das Hotel wird von einem Erfurter Familienunternehmen geführt, das neuerdings auch das IBB-Hotel an der Krämerbrücke leitet. Lohnenswert: das reichhaltige Frühstücksbüfett.
Altstadt • Futterstr. 8 • Tram: Anger • Tel. 0361/658560 • www.hotel-am-kaisersaal.de • €€€€

Zumnorde   ▸ Klappe vorne, e 5
Sehr chic • Modernes Hotel mitten in der Stadt mit schnörkellosen Zimmern, großen Bädern und extralangen Betten. Aus dem Ruheraum der Sauna haben Gäste einen schönen Blick über Erfurt. Hübscher Dachgarten, exzellentes Restaurant mit knisterndem Kamin. Gäste sollten darauf achten, ein Zimmer nach hinten zu buchen. Zur Straße hin hört man die Stadtgeräusche.
Altstadt • Anger 50/51 • Tram: Anger • Tel. 0361/56800 • www.hotel-zumnorde.de • 45 Zimmer • ♿ • €€€€

HOTELS €€€

Gästehaus Nikolai ▶ Klappe vorne, c 2

Stilvoll mit Geschichte • Fast schon im klassizistischen Stil eingerichtet sind die Unterkünfte des Gästehauses Nikolai. Sehr stilvoll und gleich um die Ecke des Augustinerklosters gelegen. Bemerkenswert ist das alte Treppenhaus. Übrigens hat im Nikolai seinerzeit schon Martin Luther gewohnt.

Altstadt • Augustinerstr. 30 • Tram: Augustinerkloster • Tel. 03 61/59 8170 • www.gaestehaus-nikolai.de • 17 Zimmer • €€€

Hotel Am Domplatz

▶ Klappe vorne, b 3

Schöne Lage • Zentraler kann man kaum wohnen, wenn man zum Domplatz möchte. Dieses Hotel besticht durch seine Lage. Im typischen Garni-Stil eingerichtet, sind die Zimmer funktionell und nüchtern gehalten. Das Hotel befindet sich in einem der typischen Erfurter Altstadtbauten. Frühstück kostet 8,50 € extra pro Person.

Altstadt • Andreasstr. 29 • Tram: Dom • Tel. 03 61/2 115257 • www. hotel-garni-erfurt.com • €€€

IBB Hotel ♟♙ ▶ Klappe vorne, d 2

Hübsch mit Ausblick • Das Stadthaus direkt an der Krämerbrücke ist mit Stil und Ideen in ein junges Hotel verwandelt worden. Die Ausstattung der Zimmer im IBB Hotel umfasst ein sehr breites Spektrum, von puristischem Design bis zu Blümchensesseln und schmiedeeisernen Bettgestellen.

Altstadt • Gotthardtstr. 27 • Tram: Fischmarkt/Rathaus • Tel. 03 61/ 674 00 • www.ibbhotelerfurt.com • 91 Zimmer • ♿ • €€€

Pension Villa Altstadtperle

▶ Klappe vorne, c 2

Farbenfroh • Wie eine Reise in andere Länder muten die Zimmer dieser kleinen Pension an. Sie sind farbenfroh im afrikanischen oder karibischen Stil gestaltet. Manche von ihnen sind zudem mit ihrem Laminatboden sogar allergikerfreundlich. In den Zimmern stehen Himmelbetten oder ein balinesischer Buddha. Frühstück kostet 9,50 € pro Person extra.

Altstadt • Michaelisstr. 29 • Tram: Augustinerkloster • Tel. 03 61/ 553 5191 • www.altstadtperle-erfurt.de • €€€

Radisson Blu ♟♙ ▶ Klappe vorne, f 3

Funktional mit Panorama • Mächtig erhebt sich das Hochhaus östlich der Altstadt. Innen offenbart der Bau Komfort, und von den oberen Zimmern genießt man einen hervorragenden Blick auf Erfurt. Die Präsidentensuite misst 150 qm, hat zwei Schlafzimmer und Bäder samt Sauna und Whirlpool sowie einen eigenen Kamin.

Altstadt • Juri-Gagarin-Ring 127 • Tram: Anger • Tel. 03 61/5 5100 • www. radisson-erfurt.de • 282 Zimmer • ♿ • ♨ • €€€

Schottennester ♟♙ ▶ Klappe vorne, d 2

Trendy und jung • Sich in fremden Städten eine Wohnung zu mieten liegt im Trend. Mit frischer Möblierung und einer Mischung aus Alt und Neu füllen die Schottennester diese Lücke im Erfurter Übernachtungsbetrieb. Besonders für Familien sind die Apartments sehr gut geeignet. In den verschiedenen Räumen können Papa und Mama abends noch schön sitzen, während die Kleinen nebenan

schlafen, auf Wunsch wird Kinderbetreuung organisiert. Es gibt sogar eine 3-Zimmer-Wohnung mit eigenem Arbeitszimmer. Weiteres Plus: die Nähe zur Krämerbrücke.
Altstadt • Schottengasse 1 • Tel. 03 61/6 01 17 95 • Tram: Anger • www.schottennester.de • €€€

Pension Amplonius

▶ Klappe vorne, c 2

Freundlich und neu • Als kleine Pension überrascht das Haus mit freundlichen Zimmern in zentraler Lage. Die Laminatböden sind allergikerfreundlich, das Personal auch, dann schaut man auch über die kleinen Bäder hinweg.
Altstadt • Michaelisstr. 40 • Tram: Augustinerkloster • Tel. 0157/39 38 30 78 • www.pensionamplonius.de • €€–€€€

HOTELS €€
🍃 Pension Rad-Hof

▶ Klappe vorne, d 2

Radfahrerfreundlich • Diese zentral gelegene Pension hat sich auf Radfahrer spezialisiert und bietet Fahrradgaragen und Werkzeugverleih an. Das Gästehaus wurde ökologisch mit Holz und Lehm saniert. Anstatt eines Parkplatzes für Autos gibt es im Rad-Hof einen hübschen begrünten Innenhof.
Altstadt • Kirchgasse 1b • Tram: Augustinerstraße • Tel. 03 61/6 02 77 61 • www.rad-hof.de • 6 Zimmer • €€

Villa am Park 👫👶   🟥 westl. A 5
Grüne Oase • Diese Villa im Grünen liegt in direkter Nachbarschaft zum egapark. Die Unterkünfte sind mit Holzmöbeln und Parkett ausgestattet, ebenfalls buchbar ist ein kleines Apartment mit Fenstern zum Garten.

Brühlervorstadt • Tettaustr. 5 • Tram: Gothaer Platz • Tel. 03 61/7 89 48 60 • www.villa-am-park-erfurt.de • 5 Zimmer • €€

Waidhaus   ▶ Klappe vorne, d 1

Meditativ und zentral • Direkt am Augustinerkloster befindet sich das Waidhaus, ein modernes Gästehaus mit schlichten und dennoch komfortablen Zimmern. Der angeschlossene Meditationsraum ist täglich 24 Stunden geöffnet. Die Zimmer sind bewusst medienfrei.
Altstadt • Augustinerstr. 10 • Tram: Augustinerkloster • Tel. 03 61/57 66 00 • www.waidhaus-erfurt.de • 17 Zimmer • €€

HOTELS €
Altstadtpension   ▶ Klappe vorne, b 3

Wie im eigenen Wohnzimmer • In Sichtweite des Mariendoms liegt diese kleine sympathische Pension. In den Sommermonaten wird das Frühstück im kleinen Innenhof serviert. Kleine, dafür aber witzige Zimmer. Familiäres Flair, sehr zentral gelegen, gutes Preis-Leistungs-Verhältnis.
Altstadt • Pergamentergasse 42 • Tram: Domplatz Nord • Tel. 03 61/6 02 01 97 • www.altstadtpension-erfurt.de • 7 Zimmer • 🐾 • €

Peckham's   ▶ Klappe vorne, b 3

Bed & Breakfast im englischen Stil • Direkt am Dom liegt das Peckham's – unten ein hübsches Café, oben zwei Zimmer für Feriengäste mit gemeinsamem Bad. Das Frühstück wird unten im Café serviert. Gutes Preis-Leistungs-Verhältnis.
Altstadt • Pergamentergasse 11 • Tram: Domplatz Nord • Tel. 03 61/24 02 22 92 • www.peckhams.de • €

Essen und Trinken

Ein Streifzug durch die Gastronomieszene ist wie eine kulinarische Weltreise, denn in Thüringens Hauptstadt konkurrieren Restaurants mit Speisen aus allen Kontinenten.

◀ Vorbildlich: Goldhelm Schokolade (▶ MERIAN Tipp, S. 15) bezieht Bio-kakaobohnen aus Peru.

Erfurts Küche ist geprägt von deftigen Thüringer Spezialitäten wie Klößen und Braten, aber sie präsentiert sich auch sehr international. Wer hier essen geht, kann sich durch die Kontinente schlemmen: Russisches Lebensgefühl zelebriert der **Russische Hof**, Südstaatenatmosphäre versprüht das **Louisiana**, und natürlich bietet die Gastronomie auch diverse chinesische und italienische Lokale.

Günstig essen gehen

Doch die meisten Gäste möchten sowieso am liebsten thüringisch speisen. **Klöße** und **Braten** gibt es fast an jeder Ecke, ebenso die **Bratwurst**. Erfurt serviert vor allem im November besondere Speisen, denn die Stadt feiert den Martinstag richtig groß. Am Vortag liegen in den Bäckereien **Martinshörnchen** aus, ein Plundergebäck mit Persipan gefüllt. Am 11. November kommt dann die **Martinsgans** auf den Tisch – natürlich mit Rotkohl und Klößen. Und rund um Weihnachten ist Schittchen-Zeit – so heißt der **Stollen** in Erfurt.

Insgesamt stimmt das Preis-Leistungs-Verhältnis, in Erfurt kann man günstig essen gehen. Viele Speisekarten haben die typische Studentenmischung aufgenommen: spätes Frühstück, Pizza und Aufläufe. Aber auch in der gehobenen Gastronomie hat Erfurt Gaumenfreuden zu bieten – bestes Beispiel ist das Clara (▶ S. 28).

Preise für ein dreigängiges Menü:

€€€€	ab 40 €	€€€	ab 25 €
€€	ab 15 €	€	bis 15 €

INTERNATIONAL

Castillo Catalana ▶ Klappe vorne, b 4

Südeuropäisches Lebensgefühl • Hier kommen außergewöhnliche Kompositionen auf den Tisch, etwa Fenchelschaumsüppchen oder Datteln mit Schinken umwickelt. Das Castillo Catalana gibt an, das einzige katalanische Restaurant Deutschlands zu sein. Besonders gut ist die hausgemachte Pasta. Altstadt • Marktstr. 34b • Tram: Domplatz • Tel. 03 61/5 50 63 35 • www.catalana.de • Di–Sa 17–23.30 Uhr • €€€

Il Cortile ▶ Klappe vorne, e 1

Erstklassig italienisch • Sehr gute italienische Küche – zubereitet in einem eher schlichten Ambiente. Besonders lecker sind die warmen und kalten Antipasti. Dazu Spezialitäten wie Wachtelbrust, Bandnudeln mit Kaninchen, hausgemachte Ravioli. Altstadt • Johannesstr. 150 • Tram: Augustinerstraße • Tel. 03 61/5 66 44 11 • www.il-cortile.de • Di–Sa 12–14 und 18–23 Uhr • €€€

Due Angeli ▶ Klappe vorne, b 4

Ältestes Gasthaus • Im historischen Haus zur Hohen Lilie haben schon Prominente gegessen – heute serviert ein italienisches Restaurant mediterrane Köstlichkeiten, Pizza, frische Pasta oder Vitello tonnato. Fünf Ebenen, stimmungsvoll ist es vor allem im alten Kellergewölbe. Altstadt • Domplatz 31 • Tram: Dom • Tel. 03 61/6 02 37 10 • www.due angeli-erfurt.de • tgl. 10–24 Uhr • €€–€€€

Ginkgo Sushi ▶ Klappe vorne, b 3

Frische Sushi • Sushi-Restaurants gibt es viele – aber echte japanische

Schön in einem alten Fachwerkhaus sitzen und Thüringer Köstlichkeiten genießen kann man im Altstadtrestaurant Zum Güldenen Rade (▸ S. 27) – aber bitte mit Senf!

Küche ist selten. In Erfurt füllt Ginkgo Sushi diese Lücke. Der Sushi-Meister rollt die kleinen Köstlichkeiten ganz frisch direkt nach der Bestellung, es gibt also keine vorgefertigten Rollen. Dazu noch eine wärmende Miso-Suppe, und das asiatische Menü ist perfekt.
Altstadt • Pergamentergasse 6 • Tel. 03 61/6 01 54 15 • www.ginkgo-menu.de • Di 17–23, Mi–Sa 11–14 und 17–23, So 14–23 Uhr • €€

Russischer Hof   ▸ Klappe vorne, östl. f 2
In Sand gekochter Kaffee • Im Russischen Hof erleben die Gäste einen Abend mit kaukasischer Seele. Es werden nicht nur »Pelmeni« und »Störschaschlik« serviert, sondern auch in Sand gekochter Kaffee. Ausgesprochen schmackhaft ist auch das Bœuf Stroganoff. Und zum krönenden Abschluss gibt es kaukasischen Kaffee – mit Pfeffer.

Altstadt • Krämpferstr. 11–15 • Tram: Krämpfertor • Tel. 03 61/6 54 68 14 • www.russischer-hof-erfurt.de • Di–Do 17–24, Fr, Sa 17–1, So 12–24 Uhr • €€

Übersee   ▸ Klappe vorne, d 3
Blick auf die Krämerbrücke • Die Speisekarte ist eine Reise durch die Küchen der Welt: Pasta mit Mandel-Safran-Soße, gebackene Teneriffa-Kartoffeln oder afrikanische Straußenfleisch-Spezialitäten. Für Ernährungsbewusste sind kohlenhydratarme Gerichte ausgewiesen.
Altstadt • Kürschnergasse 8 • Tram: Fischmarkt/Rathaus • Tel. 03 61/6 44 76 07 • www.uebersee-erfurt.de • Mo–Sa 9–1, So 10.30–1 Uhr • €€

🌿 **Cognito**   ▸ Klappe vorne, d 3
Grüne Bistroküche • Schnelles und gesundes Essen gibt es hier: indische Currys, gegrillte Sandwiches, Karot-

ten-Ingwer-Suppe. Frühstücksange-
bote mit hausgemachten Biokonfitü-
ren und Bioeiern. Kuchen auch mit
Dinkelmehl, vegane Speisen.
Altstadt • Hefengasse 1 • Tram: Fisch-
markt/Rathaus • Tel. 03 61/6 60
46 66 • www.cognito-erfurt.de •
Mo–Sa 8–22, So 9–21 Uhr • €

REGIONALE SPEZIALITÄTEN

Mathilda   ▶ Klappe vorne, d 5

Mediterran frisch • Das Lokal überzeugt mit seiner Mittelmeerküche.
Die Pizza kommt aus dem Stein-
ofen, das Pesto ist hausgemacht. Auf
unnötige geschmacksverstärkende
Inhaltsstoffe wird verzichtet und
stattdessen auf saisonales Gemüse
gesetzt.
Altstadt • Barfüßerstr. 1–2 • Tram:
Angerbrunnen • Tel. 03 61/2 16 90 96 •
www.mathilda-restaurant.de • Mo–Fr
11.30–23.30, Sa 10–23.30 Uhr • €€

Pier 37   ▶ Klappe vorne, c 5

Am besten draußen • Stilvoll sitzt
man im Pier 37 ganz zentrumsnah
am Wasser in Korbstühlen bei Tafel-
spitzsülze oder karamellisiertem
Ziegenkäse – und dabei lauscht man
ganz entspannt dem Rauschen des
Walkstroms.
Altstadt • Lange Brücke 37a • Tram:
Domplatz • Tel. 03 61/6 02 76 00 •
www.pier37.de • tgl. 11–24 Uhr • €€

Wirtshaus Christoffel
     ▶ Klappe vorne, d 3

Reise ins Mittelalter • Speisen wie
im Mittelalter, nur wenige Meter von
der Krämerbrücke. Dabei sitzen die
Gäste an groben Bänken auf Schaf-
fellen, Knechte und Mägde in historischen Gewändern servieren eine
Suppe der Kreuzritter. Rippchen
oder Räuberspieß werden über dem

Buchenholzgrill geröstet, dazu wird
Kirsch- oder Roggenbier gereicht.
Altstadt • Michaelisstr. 41 • Tram:
Fischmarkt/Rathaus • Tel. 03 61/2 62
69 43 • www.wirtshaus-christoffel-
erfurt.de • Mo–Fr, So 11–1, Sa 11–
2 Uhr • €€

⭐ MERIAN Tipp

VILLA HAAGE/MANDALA BEACH CLUB   📖 südwestl. A 6

In einer alten Backsteinvilla im Kressepark findet sich ein außergewöhnliches Gasthaus. Am Abend wird der
Außenbereich zum Strandclub. ▶ S. 14

Zum Güldenen Rade
     ▶ Klappe vorne, c 3

Aber bitte mit Senf • Oben hat das
ZDF 1997 sein Landesstudio Thüringen eingerichtet, unten wurde das
Gasthaus in der ehemaligen Tabakmühle aus dem 18. Jh. neu gestaltet.
Auf der Karte stehen thüringische
Spezialitäten, darunter z. B. das Erfurter Bornsenfsüppchen mit Senf-
sprossen.
Altstadt • Marktstr. 50 • Tram: Domplatz • Tel. 03 61/5 61 35 06 • www.
zum-gueldenen-rade.de • tgl. 11–
24 Uhr • €€

Gasthaus Feuerkugel
     ▶ Klappe vorne, d 3

Nach alten Rezepten • In dem 1587
urkundlich erstmals erwähnten
Haus werden die Klöße wie zu Oma
Käthes Zeiten noch von Hand gerollt.
Klassiker der Feuerkugel ist der Thüringer Sauerbraten mit Klößen und
Apfelrotkohl, empfehlenswert auch
das Schwarzbierfleisch. Ein ganz besonderer Tipp ist das Erfurter Kres-

seschaumsüppchen. Gutes Preis-Leistungs-Verhältnis.
Altstadt • Michaelisstr. 3–4 • Tram: Fischmarkt/Rathaus • Tel. 03 61/7 89 12 56 • www.feuerkugel-erfurt.de • Mo–So 11–24 Uhr • €

SPITZENKÜCHE

Clara   ▶ Klappe vorne, e 3
Junge Kochkunst • Im Kaisersaal kocht jetzt eine junge Deutsche: Maria Groß stammt aus Thüringen und überrascht mit neuen Kreationen wie Pastinakensuppe mit Räucheraal oder Zander an Puffbohnen und Rote-Bete-Risotto. Sogar Mispeln stehen auf der Karte. Experimentierfreudige probieren das Surprise-Menü. Dazu kann man aus mehr als 250 Weinen wählen.
Altstadt • Futterstr. 15/16 • Tram: Anger • Tel. 03 61/5 68 82 07 • www.restaurant-clara.de • Di–Sa 18.30–24 Uhr • €€€€

BISTROS

Mundlandung   ▶ Klappe vorne, d 3
Flair auf der Krämerbrücke • Knackig frische Zutaten, viel regionales Gemüse und außergewöhnliche Rezeptkompositionen charakterisieren das Bistro auf der Krämerbrücke. Hier kommt leichte, aber exquisite Feinkost auf den Tisch. Ob als Maronenschaumsuppe, hausgemachte Tagliatelle oder Süßkartoffelgratin. Die Atmosphäre ist französisch angehaucht, am besten sitzt man an den schmalen Tischen draußen.
Altstadt • Krämerbrücke 28 • Tram: Fischmarkt • Tel. 03 61/6 44 38 44 • www.mundlandung.de • tägl. 9–22 Uhr • €€

CAFÉS

Café Füchsen   ▶ Klappe vorne, d 2
Versteckt an der Krämerbrücke • Selbst gemachte Limonaden, wunderbar aromatische Kaffeespezialitä-

Glücklicherweise nicht zu verfehlen: Die Mundlandung (▶ S. 28) liegt auf der Krämerbrücke (▶ MERIAN TopTen, S. 70). Das Bistro ist klein; am besten reservieren!

ten, Frühstücksauswahl – das urgemütliche Café Füchsen liegt zwar etwas versteckt mitten in der Altstadt, ist aber unbedingt einen kurzen Stopp wert.
Altstadt • Hütergasse 13 • Tram: Fischmarkt/Rathaus • Tel. 03 61/6 44 14 48 • Mo–Fr 10–24, Sa, So 9–24 Uhr

Café Lobenstein   C 5
Backwaren mit Qualität • Hier werden die Brote mit biologischen Zutaten gebacken. Besonders lecker: das Biowalnussbrot. Am letzten Sonntag im Monat wird von 10–14 Uhr gebruncht.
Löbervorstadt • Damaschkestr. 18 • Tram: Tschaikowskistraße • Tel. 03 61/3 73 16 66 • www.cafe-loben stein.de • Mo–Fr 6–18, Sa 6–12 Uhr

Café Nerly   ▸ Klappe vorne, b 4
Im 20er-Jahre-Stil • Gestaltet wie ein Wohnzimmer der Zwischenkriegszeit mit dicken Ledersofas und roten Vorhängen, sogar eine Theaterbühne gibt es. Hier werden die Kuchen noch selbst gebacken – und das schmeckt man auch.
Altstadt • Marktstr. 6 • Tram: Domplatz • Tel. 03 61/3 81 32 55 • www.cafe-nerly.de • Mo –Fr 16–24, Sa 12–14 Uhr

Café Wildfang   B 4
Familienfreundlich • Die Kinder toben auf dem Spielplatz, während die Mütter bei Bionade oder Biocappuccino zusammensitzen. Dieses Café am Hirschgarten ist ein idealer Platz für Familien. Viele vegetarische Leckereien, Spielecke, WLAN gratis.
Altstadt • Eichenstr. 7 • Tram: Lange Brücke • Tel. 03 61/55 37 05 91 • www.cafe-wildfang.de • Mo–Fr 9–20, Sa ab 10, So ab 14, Winter jeweils bis 18 Uhr

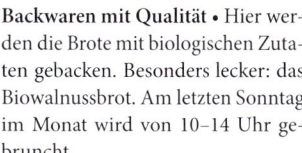

⭐ MERIAN Tipp

GOLDHELM SCHOKOLADE
▸ Klappe vorne, d 3

Direkt am jüdischen Ritualbad, der Mikwe, liegt ein Paradies für Schokoholics: Die Schokoladenmanufaktur Goldhelm macht einzigartige Pralinen. Hier können die Gäste die besten Naschereien zum Kaffee schlemmen. Hübsches französisches »Chocolat«-Ambiente.   ▸ S. 15

Caféthek   ▸ Klappe vorne, b 4
Ruheplätzchen in der Bibliothek • Zwischen Büchern sitzen und bei einer Tasse Kaffee schmökern – ein Privileg, das es nur zu Hause gibt. Oder eben in der Stadtbibliothek Erfurts. Am Domplatz hat dieses neue Café eröffnet und verwöhnt seine Gäste mit Cupcakes oder glutenfreiem Käsekuchen. Im Sommer lockt die Leseterrasse. Wer süß nicht mag: Mittags gibt es leichte Suppen.
Altstadt • Domplatz 1 • Tel. 03 61/6 55 22 75 • Tram: Dom • Mo–Fr 10–18, Sa 10–13 Uhr

EISDIELEN
Zucker & Zimt   ▸ Klappe vorne, c 3
Selbst gemachte Waffeln • Wer einmal diese Eiswaffeln probiert hat, möchte keine anderen mehr essen – Zucker & Zimt fertigt nicht nur die Eiscreme selbst an, sondern auch die Waffeln. Die Füllung ist aus Sahne, gemischt mit frischen Früchten, es gibt auch außergewöhnliche Sorten wie Green Smoothie mit Salat, Äpfeln & Co. oder Kinderschokolade und Mascarpone.
Altstadt • Marktstr. 5 • Tram: Fischmarkt • Mo–Fr 10–18, Sa 10–19 Uhr

Einkaufen

Auf der Krämerbrücke finden sich außergewöhnliche Hand-
werksläden. Wer die Geschmacksnerven reizen will, hat die
Wahl – von handgefertigter Schokolade bis zu feinem Senf.

◀ Ein Kunstwerk für sich sind die vielen Pigmente im Apis Colori (▶ S. 33). Dort gibt es auch Kurse zur Farbherstellung.

Erfurts lebendiges Einkaufszentrum liegt in der Altstadt, zwischen Anger und Domplatz. Dabei gehört der Anger zu den ersten Adressen der Stadt. Wo früher Färberwaid und Wolle verkauft wurden, gliedert sich heute ein modernes Shoppingzentrum in die alten Fassaden ein.

Spezialitäten und Schuhe
Wer auf Reisen ist, sucht meistens das Spezielle, jenseits der Filialgeschäfte großer Ketten, die es zur Genüge auch zu Hause gibt. Individuelle Läden haben sich hauptsächlich entlang der **Krämerbrücke** niedergelassen. In den mittelalterlichen Häusern, in denen einst Handwerker gewohnt haben, konnte das Flair bewahrt werden. Die schmale Gasse über der Gera wie auch die Lange Brücke ist eine außergewöhnliche Einkaufsmeile mit einem Mix handgemachter Spezialitäten – von Senf über Keramik und Kräuter bis zu Schokolade. Von der Krämerbrücke ist es nur ein Katzensprung über den Fischmarkt zum Dom. In den kleinen Seitengassen finden sich viele Lädchen, und auf dem Domplatz lockt von Montag bis Samstag der **Wochenmarkt** von 7 bis 14 Uhr – mit Gemüse und natürlich **Thüringer Rostbratwurst** ⭐.
Erfurt ist eine Stadt der **Schuhgeschäfte**. Allen voran die Läden Zumnorde sowie SchuhSign – Letzterer hat sogar Schuhe in Bioqualität im Sortiment. Wer in der Stadt einkauft, findet immer wieder kurze Momente zum Erholen, denn der Weg führt häufig über die Gera. So

gleitet der Blick übers Wasser, bevor es zurück zu den bunten Schaufenstern geht.

AUSGEFALLENES
Linkshänder-Laden
▶ Klappe vorne, d 3
Linkshänder zu sein ist gar nicht so leicht: Auf den Tassen sind die Bildchen auf der falschen Seite, mit Scheren muss man sich abmühen. An der Krämerbrücke schafft der Linkshänderladen Abhilfe mit Messern, Stiften, Zahnbürsten oder Uhren. Sogar eine eigene Tassenserie führt das Unternehmen.
Altstadt • Krämerbrücke 24 • Tram: Anger • Tel. 03 61/55 04 84 40 • www. linkshaenderladen-erfurt.de • Mo–Fr 11–18, Sa 11–16 Uhr

BÜCHER
Altstadt Antiquariat Beata Bode
▶ Klappe vorne, d 3
Antiquariat mit vielen Büchern zu Erfurt: Historische Bände über die Stadtgeschichte sowie antike Schriften zum Gartenbau findet man hier ebenso wie alte Landkarten.
Altstadt • Benediktsplatz 2 • Tram: Fischmarkt/Rathaus • Tel. 03 61/5 40 04 44 • www.altstadtantiquariat.de • Mo–Fr 10–13, 14–18, Sa 10–14 Uhr

Buchhandlung Peterknecht
▶ Klappe vorne, e 5
Eine der großen Buchhandlungen der Stadt, in der es sich lohnt, nach Schmökern zu stöbern. Peterknecht ist vor allem auf Belletristik, Kinderbuch, Reisen und Sprachen spezialisiert. Auch hat sich die Buchhandlung mit Lesungen und anderen Veranstaltungen einen Namen gemacht. Einfach mal nach den Terminen fragen.

Altstadt • Anger 28 • Tram: Anger •
Tel. 03 61/24 40 60 • www.peter
knecht.de • Mo–Fr 9–19.30, Sa 9–
18.30 Uhr

Comic Attack   ▶ Klappe vorne, c 4
Riesiges Comic- und Manga-Ange-
bot. Neben Klassikern wie »Tim und
Struppi« oder »Asterix« freuen sich
Große wie Kleine über eine Vielfalt
an Postern und Sammelfiguren zu Star
Wars. Das Comic Attack ist Treff-
punkt für Rollenspieler.
Altstadt • Paulstr. 9 • Tram: Lange
Brücke • Tel. 03 61/6 57 09 97 • www.
comic-attack.de • Mo–Fr 10–18, Sa
10–16 Uhr

KOSMETIK
Blütenkosmetik   ▶ Klappe vorne, c 3
Gesichtsbehandlungen mit Rosen-
creme oder ein ganz neues Make-up
mit ökologischen Produkten – hier
setzt man auf Nachhaltigkeit.

Altstadt • Drachengasse 1 • Tram:
Fischmarkt • Tel. 03 61/78 92
87 08 • www.bluetenkosmetik.de

KUNSTHANDLUNGEN
Bilder Bethge   ▶ Klappe vorne, d 5
Eine der traditionsreichsten Kunst-
handlungen der Stadt findet sich in
der Meister-Eckehart-Straße. Hier
sind nicht nur feine Radierungen
und Grafiken als Stadtansichten des
romantischen Erfurt zu sehen, son-
dern vor allem auch farbenfrohes
Modernes. Von James Rizzi bis zu
Pop-Art-Künstlern reicht das Spek-
trum der Spezialausstellungen, die
das Haus immer wieder organisiert.
Sogar Werke von Armin Müller-
Stahl oder Christo sind bei Bilder
Bethge zu sehen.
Altstadt • Meister-Eckehart-Str. 4 •
Tram: Dom • Tel. 03 61/6 42 20 78 •
www.bilder-bethge.de • Mo–Fr 9–18,
Sa 10–13 Uhr

Das Kleinformat (▶ S. 33) ist ein für die Krämerbrücke (▶ MERIAN TopTen, S. 70)
typischer Laden: originell und mit viel Liebe fürs Detail.

KUNSTHANDWERK

Apis Colori   ▶ Klappe vorne, b 3

Der Laden ist spezialisiert auf Papiere aus Italien. Es gibt auch handmarmoriertes Papier und Produkte in echtem Erfurter Waidblau. In Seminaren zeigt die Besitzerin die Pigmentherstellung und verkauft das Pulver.
Altstadt • Pergamentergasse 5 • Tram: Domplatz Nord • www.apiscolori.com • Di–Fr 11–18, Sa 11–15 Uhr

Glas auf der Krämerbrücke

▶ Klappe vorne, d 3

Mundgeblasenes Glas ist rar geworden. Zarte Zerbrechlichkeiten zeigt das Glasatelier. Schon die Schaufenster sind voller kleiner Hinstellerchen wie Delfinen, Kolibris oder Minivasen, farbenfroh und leuchtend. Kleine Figuren oder Orchideenstäbe, Glaskugeln oder sogar Kreisel werden auf der Krämerbrücke aus dem eingeschmolzenen Glas gedreht und geblasen.
Altstadt • Krämerbrücke 3 • Tram: Anger • Tel. 03 61/6 43 48 80 • www.glas-auf-der-kraemerbruecke.de • Mo–Fr 10–18, Sa 10–16 Uhr

Kleinformat   ▶ Klappe vorne, d 3

Die Künstlerin Beate Kister gestaltet Bilder im Postkartenformat. Direkt auf der Krämerbrücke liegt ihr Laden. Die bunten Mini-Aquarelle machen gute Laune – und sind ein ungewöhnliches Mitbringsel.
Altstadt • Krämerbrücke 25 • Tram: Fischmarkt/Rathaus • www.kleinformat.info • Mo–Sa 11–18 Uhr

La Ceiba Arts   ▶ Klappe vorne, d 2

Mexikanische Töpferwaren aus schwarzem Ton, farbenfrohe Ponchos und hübsch bestickte Kleidchen finden sich an der Langen Brücke. Besonders beliebt sind die typischen Andenmützen. Ob Teppiche oder Schmuck in Ethno-Design, die Stücke sind fair gehandelt, die Inhaber unterstützen die Künstlerfamilien direkt vor Ort. Besonders witzig sind die psychedelisch bunt bemalten, getöpferten Schädel.
Altstadt • Hütergasse 13 • Tram: Dom • Tel. 03 61/21 26 33 63 • www.laceiba-arts.de • Mo–Fr 10–18, Sa 10–13 Uhr

---

⭐ **3** **MERIAN Tipp**

**BLAUDRUCKWERKSTATT
IM DÜRERHAUS**   ▶ Klappe vorne, d 4

Der letzte Blaudruckbetrieb der Stadt befindet sich im Dürerhaus und arbeitet mit Modeln aus dem 18. Jh. Die Stücke sind im Laden zu sehen. Ein echtes Stück Thüringer Tradition.   ▶ S. 15

🌿 **Moquadrat**   ▶ Klappe vorne, c 5

Handgefertigte Stücke wie Spielzeug, Tassen und Schmuck – vieles aus ökologischer Produktion. Auch zu haben: Naturkosmetik, T-Shirts aus Biobaumwolle und Bioschuhe.
Erfurt, Altstadt • Paulstr. 29/30 • Tram: Lange Brücke • Tel. 03 61/43 03 99 48 • www.moquadrat.de • Mo–Fr 10–18, Sa 10–16 Uhr

Reindel-Keramik   ▶ Klappe vorne, d 3

Schon zu DDR-Zeiten war dieser Laden eine Institution auf der Krämerbrücke: Die Porzellanmanufaktur Reindel gehört zu den ältesten Handwerksbetrieben hier und töpfert seit 30 Jahren in der Innenstadt. Spezialität sind die Fayencen in Blau

und Weiß. Aber auch viele farbenfrohe Kindertassen und Dekostücke.
Altstadt • Krämerbrücke 1 • Tram: Fischmarkt • www.keram.de • 03 61/5 50 77 00 • Mo–Sa 10–18 Uhr

Sonnenseite   ▶ Klappe vorne, b 3
Lampenschirme als Unikate stellt Bettina Franke her. Ob mit Anker oder Hirschmotiv, die Stücke sind einzigartig und handgefertigt. Manche sind verspielt, andere eher minimalistisch. Viele Stücke im Retro-Stil – zu erschwinglichen Preisen. Wer will, kann auch seinen Lieblingsstoff mitbringen und sich daraus einen Lampenschirm fertigen lassen.
Altstadt • Pergamentergasse 5 • Tram: Dom • Tel. 03 61/34 19 50 82 • www.sonnenseite-shop.de • Di–Fr 11–17.30, Sa 11–13 Uhr oder nach Vereinbarung

Thüringer Glasbläserei
  ▶ Klappe vorne, c 3
Zerbrechliche Handwerkskunst findet sich ganz nah am Domplatz. Hier sitzt der Glasbläser noch selbst im Laden und fertigt mit seinem langen Pusterohr aus glühenden Stücken mundgeblasene Gläser, Kugeln oder kleine Figuren.
Altstadt • Marktstr. 26 • Tram: Dom • Tel. 03 61/6 43 11 96 • www.glasreiter.de • Mo–Fr 10–19, Sa 10–18 Uhr

LEBENSMITTEL & DELIKATESSEN
Born Senf-Laden und Senf-Museum   ▶ Klappe vorne, d 3
Frisch gezapftes Bier kennt man ja, aber frisch gezapften Senf? Sollten Sie unbedingt probieren – Born Senf mittelscharf gehört zu den erlesenen Erfurter Delikatessen. Angeschlossen ist ein kleines Museum.

Altstadt • Wenigemarkt 11 • Tram: Fischmarkt/Rathaus • Tel. 03 61/74 03 40 • www.born-feinkost.de • Mo–Fr 10–19, Sa 10–18 (Jan.–März Mo–Fr 10–18, Sa 10–16 Uhr)

eCHT DeLi   ▶ Klappe vorne, c 5
Delikatessen aus Deutschlands Osten finden Besucher in diesem Laden: Erfurter Domschinken, Wanderstocksalami, Thüringer Senf. Nicht nur Essbares, sondern auch Spielkarten aus Altenburg oder Holzspielzeug aus dem Erzgebirge sind zu haben.
Altstadt • Lange Brücke 12 • Tram: Lange Brücke • Tel. 03 61/5 50 59 31 • www.echt-deli.de • Mo–Fr 10–18, Sa 10–16 Uhr

🌿 **Erfurter Ölmühle** ▶ Klappe vorne, e 1
Schon 1690 weist Erfurt diese Ölmühle auf – die Tradition hat sich bis heute gehalten. Noch immer werden in dem historischen Gebäude feinste Speiseöle gefertigt. Die meisten Öle werden kalt gepresst, viele in Bioqualität. Spezialität des Hauses: kalt gepresstes Leinöl. Es lohnt sich aber auch, das Biosonnenblumenöl oder das Bärlauchöl zu kosten. Der Ölmühle angeschlossen ist das Reformhaus Fischer in der Schlösserstraße 34.
Altstadt • Heilige Grabesmühlgasse 1 • Tram: Augustinerkloster • www.erfurter-oelmuehle.de • Mo–Fr 9–18 Uhr

Goldhelm Schokolade
▶ MERIAN Tipp, S. 15

Kaffeeland   ▶ Klappe vorne, c 5
Diesen Laden erkennt man schon am Geruch – Kaffeeland röstet die Bohnen noch selbst. Kaffeefans kaufen

äthiopischen Waldkaffee oder Galapagos-Röstungen. Im dazugehörigen Hochlandcafé können die Sorten schon mal vorgekostet werden. Wer Feuer gefangen hat, besucht ein Kaffeeseminar.
Altstadt • Lange Brücke 31 • Tram: Lange Brücke • Tel. 03 61/5 50 73 73 • www.kaffeeland.net • Mo–Fr 9.30–18.30, Sa 9.30–18, So 13–17.30 Uhr

Thüringer Spezialitäten

▶ Klappe vorne, d 3

Apfel-Honig-Senf und Tee aus Thüringen, Marmelade, die Goethe geschmeckt hätte, Schwarzbier oder Hagebuttenmark – eine Reihe von kulinarischen Köstlichkeiten aus der Region findet sich direkt auf der Krämerbrücke im Spezialitätengeschäft. Besonderer Beliebtheit bei der Kundschaft erfreut sich der Eierlikör to go in der Waffel. Die Eigentümerin berät fachkundig über die Köstlichkeiten und stellt sogar eigene Thüringen-Boxen zusammen – ein ideales Mitbringsel aus Erfurt.
Altstadt • Krämerbrücke 19 • Tram: Anger • Tel. 03 61/3 46 34 95 • www.thueringer-spezialitaeten.de • Mo–Sa 10–18, in der Saison auch So 11–17 Uhr

MODE

CCD Naturwelten   ▶ Klappe vorne, c 5

Sehr weibliche und romantische Mode gibt es bei CCD Naturwelten an der Langen Brücke. Ob Spitze oder Wolle, die Qualität ist gut. Weiche Stoffe in natürlichen Schnitten. Viele der Stücke kommen aus Skandinavien in die thüringische Landeshauptstadt.
Altstadt • Lange Brücke 25 • Tram: Lange Brücke • Mo–Fr 11–18, Sa 11–15 Uhr

Born Senf ist der traditionelle Begleiter der Thüringer Bratwurst. Das Erfurter Unternehmen betreibt am Wenigemarkt einen Laden mit kleinem Senf-Museum (▶ S. 34).

Hey Mama ▶ Klappe vorne, b 3

Mode, die mitwächst, ist oftmals alles andere als peppig. In Erfurts Pergamentergasse hat sich ein Geschäft angesiedelt, das zeigt, dass andere Umstände keine Ausrede mehr für schlecht sitzende Garderobe sein müssen: Hey Mama überzeugt mit schönen Schnitten, hochwertigen Materialien und sehr individueller Beratung.
Altstadt • Pergamentergasse 38 • Tram: Dom • Tel. 03 61/ 75 20 61 80 • www.heymama.de • Mo–Fr 10–18, Sa 10–16, Do–19 Uhr.

Natürlich Natur ▶ Klappe vorne, c 4

Hier findet man Gutes aus Schafwolle: Mützen und Jacken, Westen und Hausschuhe. Das Sortiment von Natürlich Natur umfasst zudem auch Lederartikel.
Altstadt • Große Arche 2 • Tram: Domplatz Nord • Mo–Sa 10–18 Uhr

Quo Vadis Naturmode
▶ Klappe vorne, c 3

Leichte Leinenblusen oder raffiniert geschnittene Mäntel und Hosen im Marlene-Dietrich-Stil – hier gibt es Damenmode aus Naturmaterialien zu bezahlbaren Preisen.
Altstadt • Fischmarkt 6 • Tram: Fischmarkt/Rathaus • www.quovadis-naturmode.de • Mo–Fr 10–20, Sa 10–18 Uhr

SchuhSign
▶ Klappe vorne, c 3 und b 4

Dass ökologische Schuhmode längst nicht mehr Latschenlook entspricht, beweist SchuhSign. Alle Modelle werden nachhaltig hergestellt, viele mit Pflanzenfarben gefärbt, umweltschonend gegerbt und dazu orthopädisch gesund.
Altstadt • Fischmarkt 6 und Marktstr. 27 • Tram: Fischmarkt/Rathaus • www.schuhsign.de • im Sommer

Eine Spielzeugdesignerin, eine Comicillustratorin, eine Idee. Ergebnis ist das Wishproject (▶ S. 37) der Schwestern Kathrin und Steffi: außergewöhnliche Handarbeit.

Mo–Fr 10–19, Sa 10–18, im Winter
Mo–Sa 10–18 Uhr

Schuhhaus Zumnorde
▸ Klappe vorne, e 5

Wer in Erfurt wirklich gute Schuhe
sucht, geht zu Zumnorde. Von großen
Marken bis hin zu kleinen gesunden
Babyschuhen findet sich auf den
beiden Etagen eine große Auswahl.
Edle Atmosphäre mit Marmor und
Säulen.
Altstadt • Anger 50–51 • Tram: Anger •
www.zumnorde.de • Mo–Fr 10–20,
Sa 10–18 Uhr

Wishproject
▸ Klappe vorne, c 5

Hier ist jedes einzelne Teil handge-
macht: ob ausgefallene Schals oder
witzige Einzelteile für den Spröss-
ling. Pulswärmer stehen ebenso in
den Regalen wie Kuscheltiere aus
buntem Stoff oder einzigartige Ta-
schen. Die farbenfrohen Stücke machen einfach gute Laune. Ein schönes Projekt junger Frauen, die sich
zusammengetan haben, um mit dem
Geld zu verdienen, was sie wirklich
gerne tun.
Altstadt • Lange Brücke 51 • Tram:
Lange Brücke • Tel. 03 61/6 44 33 13 •
www.wishproject.de • Mo–Fr 12–18,
Sa 11–16 Uhr

SCHMUCK

Kraftschmuck
▸ Klappe vorne, d 3

Besonderer Modeschmuck aus qua-
dratischen roten Korallenstücken
oder einfache Kugeln in Erdfarben
an silbernen Ketten – die Stücke von
Franziska Kraft sind geprägt von
Formen der Architektur.
Altstadt • Michaelisstr. 46 • Tram:
Domplatz Nord • www.de-de.face
book.com/kraftschmuck • Mo–Fr
11–18, Sa 11–16 Uhr

Schmuck und Objekt
▸ Klappe vorne, d 3

Diese Schmuckstücke sind schon
fast Kunstobjekte: Meeresmuscheln
mit silberner Verzierung, Broschen,
die aussehen wie japanische Ornamente. Der Renner sind Edelstein-
ketten mit würfelförmigen Perlen.
Wer Unikate sucht, findet sie hier.
Altstadt • Krämerbrücke 5 • Tram:
Fischmarkt/Rathaus • www.wolff-
brinckmann.de • Mo–Fr 10–18, Sa 11–
16 Uhr

SPIELZEUG

Der Laden
▸ Klappe vorne, c 6

Dass Kinder keine Masse an Spiel-
zeug brauchen, sondern pfiffige
Dinge, die sie lange begleiten kön-
nen, beweist dieser Spielzeugladen.
Hier gibt es Holzsteine, um bunte
Muster zu legen. Am schönsten ist
das selbst getöpferte Geschirr für
Kinder – auf Wunsch auch gleich mit
Namen.
Altstadt • Neuwerkstr. 52 • Tram: Neu-
werkstraße • www.dela-online.de •
Mo–Fr 10–18, Sa 10–14 Uhr • Kera-
mikwerkstatt im Hauptgeschäft, et-
was außerhalb in der Magdeburger
Allee 49 • Mo–Fr 10–18, Sa 10–13 Uhr

Tintenherz Bücher und Spiele
▸ Klappe vorne, d 3

Altes Holzspielzeug, wie etwa die
Ratschen zum Krachmachen, aber
auch Zauberkästen, Monopoly oder
Kuscheltiere – die Buchhandlung
Tintenherz ist nicht nur auf Literatur
spezialisiert. Wer dort in den Regalen und Kisten stöbert, möchte selbst
wieder zum Kind werden.
Altstadt • Krämerbrücke 29 • Tram:
Anger • Tel 03 61/3 46 77 53 • www.
buchhandlungtintenherz.de • Mo–Fr
10–18, Sa 10–16 Uhr

Am Abend

Das Nachtleben ist geprägt von den vielen Studenten – und von der Satire. Zwei Kabarett-Ensembles laden zum Besuch. Kinder wie auch Erwachsene begeistert das Theater im Palais.

◄ Vom Krokodil bis zur Oma reicht die Auswahl der verschiedenen Handpuppen im Waidspeicher (▸ S. 42).

Erfurts Abendprogramm ist vielfältig – gerade Liebhaber von jungem Theater werden begeistert sein. Zahlreiche private Vereine haben sich gegründet, um Lücken im kulturellen Angebot zu schließen, etwa das Neue Schauspiel, das die Tradition des Sprechtheaters stärken will. Oder die Theaterfirma, die nicht nur moderne Stücke inszeniert, sondern auch besondere Stadtrundgänge.

Ungewöhnliche Bühnen

Am lebendigsten ist Erfurts Kulturszene im Sommer, dann locken nicht nur die **Domstufen-Festspiele**, sondern auch das **Open-Air-Theater** in der Ruine der Barfüßerkirche. Überhaupt gibt es viele junge Aufführungsorte, allen voran natürlich das 2003 eingeweihte **Neue Theater**, das als größter Theaterneubau der letzten Jahre in Deutschland gilt. Aber auch ein altes Gebäude verströmt besonderes Flair: Eine Vorstellung des **Theaters im Palais,** das in einem prachtvollen Renaissance-Palais untergebracht ist, sollten Sie sich nicht entgehen lassen. Das derzeit einzige dauerhaft spielende Sprechtheater in Erfurt bietet ein breit gefächertes Programm für Kinder, Jugendliche und Erwachsene.

Die Studenten haben junge Ideen ins Kulturleben eingebracht und natürlich auch die Kneipenlandschaft verändert. So gibt es viele Diskotheken und Musikbühnen in der Stadt. Am bekanntesten ist vielleicht die Engelsburg mit ihrer Weinstubendisco, dem Band- oder Bierkeller – alles in altehrwürdigen Gewölben.

BARS

Café Nerly

(▸ Essen und Trinken, S. 29)

Double B
▸ Klappe vorne, b 2

Das Double B ist die Szenebar Erfurts. Hier gibt es den besten Milchkaffee der Stadt und sechs Biersorten vom Fass. Gemischtes Publikum. Altstadt • Marbacher Gasse 10 • Tram: Domplatz • Tel. 03 61/2 115122 • www.doubleb-erfurt.de • Mo–Fr 8–2, Sa, So 9–2 Uhr

Dreiundvierzig
▸ Klappe vorne, c 3

Erfurts In-Lounge: gemütlich helle Sessel, an der Decke wechselfarbige Lichtstreifen und puristisches Design an der Bar. Wo man tagsüber junge Thüringer Küche genießt, treffen sich am Abend die Szenegänger. Altstadt • Michaelisstr. 43 • Tram: Fischmarkt/Rathaus • Tel. 03 61/5 50 79 50 • www.43-erfurt.de • Mo–Do ab 17, Fr–Sa ab 11.30 Uhr

Villa Haage/Mandala Beach Club
(▸ MERIAN Tipp, S. 14)

Weinstein le Bar
▸ Klappe vorne, c 4

Eine Kulturbar versteckt sich hinter diesem Namen. Hier finden nicht nur Lesungen statt. Es kann sein, dass es ein spontanes Gitarrenkonzert gibt oder jemand Schlager singt. Dazu isst man herrliche Tapas. Altstadt • Kleine Arche 1 • Tram: Dom • Mi–So 19–3 Uhr

BRAUEREIEN

Zum Goldenen Schwan
▸ Klappe vorne, d 3

Schwarzbier, Weihnachtsbier oder Bananenweizen – die Zahl der selbst gebrauten Sorten ist groß. Bierliebhaber wissen die Spezialitäten zu schät-

Hier trifft man sich abends in Erfurt: Das Dreiundvierzig (▶ S. 39) ist die neue In-Lounge der Stadt. Besonders schön: die farbigen Lichtspiele.

zen. Wer tiefer in die Materie einsteigen will, bucht ein Brauseminar. Altstadt • Michaelisstr. 9 • Tram: Fischmarkt/Rathaus • www.zum-goldenen-schwan.de • tgl. 11–1 Uhr, im Winter kürzer

KINO

Das größte Kino Erfurts ist der **Cine Star** Filmpalast. Künstlerische Produktionen und Dokumentarfilme laufen im **Kinoklub**.
– CineStar: Altstadt • Hirschlachufer 7 • Tram: Anger • Tel. 03 61/5 50 55 55 • www.cinestar.de ▶ Klappe vorne, e 5
– Kinoklub: Altstadt • Hirschlachufer 1 • Tram: Anger • Tel. 03 61/6 42 21 94 • www.kinoklub-erfurt.de
▶ Klappe vorne, e 5

KULTURZENTREN
Franz Mehlhose   B 4
Konzerte, Lesungen, Flohmärkte – Franz Mehlhose ist zum Kulturtreff

avanciert. An der langen Theke kommt man schnell ins Gespräch, draußen kann man in lauen Sommernächten auf Kissen lümmeln. Altstadt • Löberstr. 12 • Tram: Hirschgarten • Tel. 03 61/5 66 02 03 • www.franz-mehlhose.de • Di–Sa 15–21, So 13–19 Uhr

Speicher   ▶ Klappe vorne, d 3
Hinter der Fassade des weiß-schwarzen Fachwerkhauses kann mächtig gefeiert werden: Die Atmosphäre gleicht der in einer gemütlichen Scheune. Im Garten lockt der vielleicht lauschigste Biergarten der Stadt. Neben Musik stehen Theater, Lesungen und Ausstellungen auf dem Programm. Am Tresen, gestaltet aus alten Bierkisten, holen sich die Gäste selbst ihre Getränke. Altstadt • Waagegasse 2 • Tram: Fischmarkt • www.speicher-erfurt.de • Mo–Fr 15–2, Sa, So 14–2 Uhr

LITERATUR
Literaturverein Erfurt

Junge Autoren an außergewöhnlichen Orten lesen zu lassen – das hat sich der Literaturverein auf die Fahne geschrieben. Zu den Spielstätten gehört die Villa Festge ebenso wie das Krematorium oder das Krankenhaus. Achtmal pro Jahr gibt es solche Lesungen; es lohnt sich, Karten zu reservieren.

Altstadt • verschiedene Orte • www.erfurter-literaturverein.de

MUSIK
Jazzkeller   ▶ Klappe vorne, c 3

Freunde des Jazz sind in Erfurts Jazzkeller richtig. In den Gewölben mit der schlichten Ausstattung steht Jazz in allen Stilrichtungen auf dem Programm – mit Einflüssen von Tango, Weltmusik, Klassik oder Gospel.

Altstadt • Fischmarkt 13–16 • Tram: Fischmarkt/Rathaus • www.jazzclub-erfurt.de (Karten über das Internet)

THEATER
Alte Oper/DasDie   📖 A 4

Ausgestattet im Stil der 20er-Jahre, ist die Alte Oper heute vor allem ein Schauplatz für Gastspiele internationaler Stars. Ob das besondere Musikkonzert, Comedy oder klassische Opern. Geführt wird die Alte Oper vom Veranstaltungszentrum »DasDie«; es betreibt außerdem »Das Brettl«, das sich auf Varieté und Show spezialisiert hat.

Brühlervorstadt • Gorkistr. 1 • Tram: Gorkistraße • Tel. 03 61/55 11 66 • www.dasdie.de

Neues Opernhaus   📖 westl. A 4

Ein neues Theater bekam die Stadt kurz nach der Jahrtausendwende. Das Haus hat sich heute vor allem

auf Musiktheater und Opern spezialisiert. Hier steht Anspruchsvolles auf dem Programm; gerne ist die Neue Oper Gastgeberin für Uraufführungen, und auch selten gespielte Operetten stehen auf dem Spielplan. Das Haus richtet zudem die Domstufenspiele aus.

Brühlervorstadt • Theaterplatz 1 • Tram: Theater • www.theater-erfurt.de • Karten-Tel. 03 61/2 23 31 55

⭐ MERIAN Tipp

THEATERSPAZIERGANG

Mit einer flackernden Fackel bestückt, geht es durch das nächtliche Erfurt. Der Stadtführer gibt Sagen oder Kriminalgeschichten zum Besten. Gespielt werden sie von echten Schauspielern, was die Szenen so mitreißend macht.

▶ S. 15

Kabarett Das Lachgeschoss

▶ Klappe vorne, e 3

Während sich das Kabarett Die Arche mit aktuellen politischen und sozialkritischen Themen befasst, sucht Das Lachgeschoss Themen im größeren gesellschaftlichen Zusammenhang, etwa das Spannungsfeld Mann–Frau. Eine spöttische Zunge und Wortwitz dominieren die Stücke. Nach der Vorstellung stehen die Kabarettisten hinter dem Tresen.

Altstadt • Futterstr. 13 • Tram: Futterstraße • Tel. 03 61/6 63 58 86 • www.lachgeschoss.de • Mi, Fr, Sa Spieltage

Neues Schauspiel   ▶ Klappe vorne, e 3

Ein junges Ensemble ist mit dem Neuen Schauspiel entstanden. Seine Stücke konzentrieren sich auf klassisches Sprechtheater, aber auch

neue Produktionen stehen auf dem Programm. Bei der Sommerbühne gibt es Shakespeare in der Ruine der Barfüßerkirche.
Altstadt • Futterstr. 12 • Tram: Futterstraße • Aufführungsstelle Barfüßerruine: Barfüßerstr. 20 • Tram: Fischmarkt/Rathaus • Tel. 03 61/5 611711 • www.neues-schauspiel-erfurt.de

Theater Erfurt   westl. A 4
Das Theater Erfurt gehört zu den jüngsten Häusern des Landes. Auf dem Spielplan des Ensembles stehen Opern genauso wie der »Urfaust« oder Stücke für junge Kunstliebhaber. Spannend ist es auch, tagsüber eine Führung durch das Theater zu buchen. Dann geht es hinter die Kulissen, in die Maschinenräume und die Maske.
Brühlervorstadt • Theaterplatz 1 • Tram: Theater • Karten-Tel. 03 61/2 23 31 55 • www.theater-erfurt.de

Theater im Palais
▶ Klappe vorne, c 2
Seit Ende 2011 spielt das Theater im Renaissance-Palais. Bezaubernd sind die Märchenvorstellungen für Kinder, die hier auch Theaterkurse besuchen und der Schauspielerei so noch näher kommen können.
Altstadt • Michaelisstr. 30 • Tram: Fischmarkt • Tel. 03 61/55 04 99 01 • www.theaterimpalais.de

Waidspeicher: Kabarett Die Arche
▶ Klappe vorne, b 4
Nicht nur eine Puppenbühne, sondern auch ein Kabarett. Das Ensemble zeigt aktuelle politische Entwicklungen mit auf die Spitze getriebenem Humor. Die Bühne ist im oberen Geschoss, man sitzt dort bequem auf Ledersesseln.
Altstadt • Domplatz 18 • Tram: Domplatz • Tel. 03 61/5 98 29 24 • www.kabarett-diearche.de

Suchbild beim Theaterspaziergang (▶ MERIAN Tipp, S. 15): Wer findet den Kauz? Die Theaterfirma bei einer der außergewöhnlichen Touren durch Erfurts Straßen.

SCHUHHAUS · HOTEL · RESTAURANT

WOHNEN & GENIESSEN
IM HERZEN VON ERFURT

Familientipps

Der KiKA kommt aus Erfurt – Schüler können bei einer
Spezialführung die Welt der Tricks und Technik erkunden.
Und im egapark lockt der größte Spielplatz Thüringens.

◄ Schauspieler führen beim Mitspieltheater Die Schotte (▶ MERIAN Tipp, S. 16) die Kinder durch die Stadt.

Café Espach   westl. A 5

Eine kleine Oase jenseits der City ist das ehemalige Espach-Bad. In dem gelben Fachwerkhäuschen hat ein Café eröffnet, das sich gerade bei schönem Wetter großer Beliebtheit bei Familien erfreut. Der Besuch lohnt sich auch. Es gibt nicht nur Leckereien wie vegetarische Reispfanne oder hausgemachten Apfelkuchen, sondern auch die Umgebung stimmt einfach. Die Kinder tollen auf den nahen Spielplätzen, während Mama und Papa einen Kaffee im Schatten trinken oder sich auf einer der Bänke im Wandelgarten ausruhen. Zudem liegt das Ensemble an einem Bach, der mit einem kleinen Sandstrand punktet.
Brühler Vorstadt • Alfred-Hess-Str. 36a • Tram: Gothaer Platz • www.espach-cafe.de • Tel. 03 61/34 19 52 51 • Di–Fr 11–21 Uhr, Sa, So 9–21 Uhr • €€

FilOnKuCy   ▶ Klappe vorne, c 4

Aus Wolle Frösche formen oder kleine Bälle – Kinder gehen in der Ladenwerkstatt FilOnKuCy ihrer Kreativität nach und filzen kleine Kunstwerke, während die Eltern noch mal eine Runde durch den nahe gelegenen Dom drehen. Mit dem Material ist es einfach, es kann wirklich nichts schiefgehen.
Und wer fertig ist, bewundert die kreativen Unikate im Laden. Immer dienstags von 16 bis 17.30 Uhr findet das Filzen statt. Das Angebot ist übrigens nicht nur für Kinder da, auch Erwachsene können diese Fertigkeit hier erlernen.
Altstadt • Paulstr. 29 • Tram: Domplatz Süd • Tel. 03 61/78 92 09 20 • Mo–Fr 10–18, Sa 10–14 Uhr

Freizeit- und Erholungspark Nordstrand   nordöstl. C 1

Genau das Richtige für heiße Sommertage: ein breiter Sandstrand mit Tauchschule, Beachvolleyball und Beachsoccer. Mit den kleinen Palmdach-Hütten kommt zudem ein wenig Karibik-Stimmung auf – und das ganz nah der Innenstadt. Größere Kinder gehen in die Wasserskischule. Wer genug Sonne abbekommen hat, der kann sich bei einem schattigen Spaziergang auf einem Naturkundepfad über Käfer und die Vegetation informieren.
Johannesvorstadt • Zum Nordstrand 4 • Bus: Eisleber Straße, Tram: Greifswalder Straße • www.nordstrand-erfurt.de • tgl. 9–21 Uhr • Eintritt 3 €, Kinder 2 €

MERIAN Tipp

SPIELPLATZ IM EGAPARK   ▶ S. 100

Ein Paradies für Kinder: größter Spielplatz Thüringens mit Matschzone, Kletterpyramiden und Riesenwasserrutsche. Nebenan liegen Schmetterlingshaus, Kinderbauernhof und Sternwarte.   ▶ S. 16

KiKA Erfurt   westl. A 5

Wie wird Fernsehen gemacht? Kinder schauen hinter die Kulissen oder sind bei einer Sendung dabei. Besuchertouren im Kinderkanal (KiKA) können über eine Spezialagentur gebucht werden. Die bekanntesten Figuren säumen als Skulpturen die Innenstadt.

– Archelino Kinderreisen und Events: Altstadt • Große Arche 7 • Tel. 0361/ 24 09 30 31 • www.archelino.de
– KiKA im egapark: Brühlervorstadt • Gothaer Str. 38 • Tram: ega • www. egapark-erfurt.de

Kinderkult   🏛 westl. A 5

Immer im April ist die Messe Erfurt fest in der Hand von Familien. Kinderkult verwandelt die Hallen in einen riesigen Spielplatz. Mitmach-Experimente, Tanz, Theater oder Sportarten regen zur Beteiligung an – Kinder und Eltern können aber auch einfach nur mal hineinschnuppern. Ein großes Medienprogramm begleitet das Freizeitevent.
Hochheim • Messe Erfurt, Gothaer Str. 34 • Tram: Messe • www.kinderkult.eu

MDR-KiKA-Figuren
(▸ S. 45)

🌿 Naturschutzlehrstätte
Fuchsfarm   🏛 südwestl. A 6

Einen Erlebnisausflug in die Natur verspricht die 1994 eröffnete Fuchsfarm mitten im Steigerwald. Dort gibt es Tastpfade, Kinder können Blätter unters Mikroskop legen, den Hochstand erkunden, im Lehmofen etwas backen oder aus Gräsern kleine Kunstwerke basteln. Gesteinsarten aus dem Thüringer Becken sind hier zu sehen; es gibt Einblicke ins Bienenhaus oder in das artenreiche Leben am und im Teich. In der Kreativwerkstatt kann man aus Naturmaterialien Flöße, Flöten oder andere Kunstwerke basteln. Der nahe Steigerwald lädt nach dem Besuch der Naturschutzlehrstätte zu Wanderungen ein.
Bischleben • Krummer Weg 101 • www.fuchsfarm-erfurt.de • Bus: Waldhaus • April–Okt. Di–Fr 10–16, Sa, So 14–16 Uhr • Eintritt frei

Kinder, wer hätte das gedacht! 2015 ist der Elefant 40 geworden. Noch vier Jahre älter als ihr Sidekick ist die Maus. Man findet die beiden in der Innenstadt (▸ S. 45).

Roland Matthes Schwimmhalle

C 6

Gigantische 62 Meter misst die Wasserrutsche in diesem Schwimmbad. Daran haben nicht nur Kinder Spaß – auch Papa oder Mama kommen gerne mal in den Geschwindigkeitsrausch. Erfurts größtes Hallenbad bietet zudem nicht nur verschiedene Becken mit Strudeln und Massagedüsen für Groß und Klein, sondern auch eine Saunalandschaft mit Dampf- und Kräuterbad zum Entspannen. In der Roland Matthes Schwimmhalle gibt es sowohl Innen- als auch Außensaunen. Löbervorstadt • Johann-Sebastian-Bach-Str. 6 • Tram: Tschaikowskistraße • www.stadtwerke-erfurt.de • Eintritt (2 Std.) 4,20 €, erm. 3,60 €, Kinder 2,90 €, Di, Mi 6–22, Do 14–19, Fr, Sa 6–22, So 8–22 Uhr

Spielplatz Thomaspark

B 5

Mitten im Grünen liegt dieser moderne Spielplatz. Bei seiner Gestaltung wurde viel Holz verwendet – das macht die Geräte gefälliger und sieht nach Abenteuer aus. Etwa ein Xylophon aus Ästen oder ein Häuschen, das an den Traum vom Baumhaus erinnert. Kletterturm und Buddelsand machen den Kleinen Spaß, Größere tummeln sich auf dem nebenan gelegenen Bolzplatz. Und die Eltern genießen die Natur. Löbervorstadt • Schillerstr. • Tram: Stadtgarten

Strandbad Stotternheim

nördl. C 1

Ein bisschen Strand muss im Sommer auch in Erfurt sein. Der flache Uferbereich macht das Strandbad am Westufer des Stotternheimer Sees zu einem lohnenswerten Familienziel, denn die ganz Kleinen können sich hier abkühlen, ohne dass die Eltern Sorge haben müssen. Eine Rutsche sorgt für doppelten Spaß. Der See ist durch Kiesabbau entstanden. Stotternheim • Zum Stotternheimer See 19 • Tram: Stotternheim • Eintritt 4,20 €, Kinder 2,90 €

 MERIAN Tipp

MITMACHTHEATER DIE SCHOTTE

▸ Klappe vorne, e 2

Hier lernen Kinder und Jugendliche sich auszudrücken und dabei selbstbewusst zu werden. Dabei entstehen Theaterstücke, die eine echte Bereicherung für die Kulturszene sind.

▸ S. 16

Tollikiz

nördl. A 1

Ein riesiges Bällebad, Kletterwände zum Mutigsein, riesige Autos zum Draufklettern – die Indoor-Spielhalle Tollikiz ist eine schöne Alternative für Regentage. Rennfahrer brausen über die Mini-Kart-Bahn, während Höhenlustige sich an der Kletterwand abseilen. Während das Soccerfeld eher etwas für Große ist, finden sich auf dem Trampolin alle wieder. Toben, bis die Puste ausgeht. Für den Hunger zwischendurch gibt es ein kleines Bistro. Gispersleben • Alte Mittelhäuser Str. 17 • Bus: August-Röbling-Straße • www.tollikiz.de • Tel. 0361/554 7479 • Mo, Do, Fr 14–19, Sa, So 11–19 Uhr • Eintritt 5,30 €, Kinder 2 €

Weitere Familientipps sind durch dieses Symbol gekennzeichnet.

Die Krämerbrücke (▶ MERIAN TopTen, S. 70) ist ein Muss für alle Erfurt-Besucher. Auf den Stufen vor den Fachwerkhäusern treffen sich im Sommer Touristen und Einheimische.

Unterwegs in **Erfurt**

Erfurt ist nicht nur Krämerbrücke – auch jenseits des berühmten Ensembles wartet eine Reihe von Sehenswürdigkeiten darauf, entdeckt zu werden.

Sehenswertes

Mit ihren mittelalterlichen Fachwerkhäusern und den schönen Patrizierfassaden verströmt die Altstadt ein besonderes Flair – und bietet viele historische Superlative.

◄ Die Ägidienkirche (▶ S. 51) ist nicht nur ein Gotteshaus. Sie bildet auch das Eingangstor zur Krämerbrücke.

Erfurts Altstadt steckt voller Kleinode. Da bildet das einzige Kloster, das die Säkularisierung überlebt hat, mit seiner kleinen Kirche eine ruhige Oase mitten am quirligen Einkaufszentrum Anger. Wenige Schritte weiter tummeln sich Erfurter und Touristen auf der Krämerbrücke, mit den Fachwerkaufbauten ein einmaliger Bau. Diese Brücke ist ein ganz eigener Kosmos niedlicher Geschäfte mit einer erlesenen Auswahl von Waren.

Kirchen und Klöster

Am meisten aber überrascht Erfurt mit seinen kirchlichen Schätzen. In der Stadt an der Gera hängt die größte frei schwingende Glocke der Welt, und hier findet sich die älteste komplett erhaltene Synagoge Europas. Die Glasfenster des Augustinerklosters nahm Martin Luther als Vorlage für sein Signet der Lutherrose. Noch heute wandeln viele auf den Spuren des Reformators. Pilger steuern das Augustinerkloster an oder gelangen über die »Via Regia«, die historische königliche Fernhandelsstraße, auf dem neuen »Ökumenischen Pilgerweg« nach Erfurt. Sie kommen aber auch, weil die Landeshauptstadt eine solche Vielfalt an wichtigen Sakralbauten hat. Allen voran der Dom, aber auch die Predigerkirche, in der schon Meister Eckhart wirkte. Wer durch Erfurt schlendert, findet überall Spuren großer Persönlichkeiten.

Am besten beginnt man mit einer Stadtführung. Sie ist übrigens in der ErfurtCard (▶ S. 119) enthalten, die

Besuchern zusätzlich für 48 Stunden freie Fahrt mit Bus und Tram ermöglicht.

📷 FotoTipp

PANORAMABLICK

Ein sehr schöner Panoramablick ergibt sich vom Turm der Ägidienkirche. Hier können Sie bis an die Grenzen der Stadt schauen.   ▶ S. 51

SEHENSWERTES

Ägidienkirche   ▶ Klappe vorne, d 3
Diese evangelische Kirche gehört zu den Wahrzeichen Erfurts. Schon von Weitem sichtbar, markiert sie den Zugang vom Wenigemarkt zur Krämerbrücke – jeder, der von hier auf die Brücke will, muss ihr Tor passieren, das Kirche und Turm verbindet. Die Ursprünge der Ägidienkirche reichen zurück ins Mittelalter. Seitdem ist sie zweimal einem Brand zum Opfer gefallen und wieder aufgebaut worden. 1293 und 1472 zerstörten die Flammen den Bau. In ihrer wechselvollen Geschichte wurde die Kirche nicht nur als Lagerhaus, sondern sogar als Wohnraum genutzt. Ihre Glocke ist die zweitälteste Kirchenglocke in Erfurt, wegen eines Sprungs bleibt sie stumm und weilt heute im Museum der »Glockenstadt« Apolda. Besonders lohnenswert ist der **Rote Turm**. Der Aufstieg über die schmalen Holzstiegen ist ein Erlebnis und wird mit einem herrlichen Panoramablick belohnt.
Altstadt • Wenigemarkt 4 • Tram: Fischmarkt/Rathaus • www.atlas. emk.de • Turm Di–So 11–17 Uhr • Eintritt 1,50 €, Kinder 0,50 € als Spende

Allerheiligenkirche ▸ Klappe vorne, c 3

Zwischen Fischmarkt und Domplatz liegt die gotische Allerheiligenkirche. Ihre Besonderheit ist schon auf den ersten Blick erkennbar: Bügeleisenförmig passt sich der Grundriss der Kirche der Straßenführung an. Das Kirchenschiff ist zweigeteilt, auf der einen Seite liegt jetzt ein Kolumbarium, eine Aufbewahrungsstätte für Urnen. Die Gottesdienste werden im benachbarten südlichen Gottesraum abgehalten, sehenswert ist dort vor allem der Barockaltar.
Altstadt • Allerheiligenstr. • Tram: Fischmarkt/Rathaus • www.dom-erfurt.de • Mo–So 10–18 Uhr

📷 FotoTipp

GRÜNE OASE

Rund um das Dämmchen befindet sich eine grüne Oase. Hier ist es besonders schön in den frühen Sommermorgenstunden, wenn die Stadt erwacht. Spätaufsteher können aber auch noch mittags gute Fotos schießen. ▸ S. 97

Alte Oper A 4

Im neoklassizistischen Stil präsentiert sich das zartgelbe Gebäude der Alten Oper. 1894 fand dort die erste Aufführung statt, besonders die Drehbühne galt damals als technische Sensation. Nach dem Bau der Neuen Oper in den 1990er-Jahren stand das alte Gebäude sieben Jahre lang leer. Dann fand sich schließlich ein Investor, heute ist die Alte Oper Austragungsort für Veranstaltungen des Gastgebers DasDie.
Brühlervorstadt • Gorkistr. 1 • Tram: Gorkistraße • Tel. 03 61/55 11 66 • www.dasdie.de

Alte Parteischule südl. C 6

Als Musterbeispiel der DDR-Architektur gilt die Alte Parteischule. Das denkmalgeschützte Gebäude ist den Erfurtern auch unter dem Namen »Rotes Kloster« bekannt. Der vierflügelige Bau stammt aus den Jahren 1969–1972. Während andere Ex-Parteischulen der DDR-Regierung inzwischen abgerissen oder derart umgestaltet worden sind, dass sie ihr Gesicht verloren haben, ist in Erfurt ein einmaliges Baudenkmal erhalten geblieben. Die wuchtigen Korpusse der einzelnen Gebäude sind im damaligen Stil ganz quaderförmig errichtet worden, wie etwa der »Blaue Würfel«. Auch von innen lohnt sich ein Blick in das Baudenkmal mit den stark gemusterten Tapeten im 70er-Jahre-Style, sozialistischen Kronleuchtern und den Wandmalereien. Auch der große Garten ist mit Wasserspielen und Sichtachsen durchkonzipiert. Unter dem Komplex befindet sich ein Bunker. Heute wird die Anlage als Gästehaus genutzt. Mehr DDR-Atmosphäre geht kaum.
Musikerviertel • Werner-Seelenbinder-Str. 14 • Tram: Thüringenhalle

⭐ **Alte Synagoge** ▸ Klappe vorne, c 3

Sie ist die älteste noch erhaltene Synagoge Europas. Heute ist dort ein Museum untergebracht (▸ S. 87).
Altstadt • Waagegasse 8 • Tram: Fischmarkt/Rathaus • www.alte-synagoge.erfurt.de • Di–So 10–18 Uhr • Eintritt 5 €, Kinder 3 €, 1. Di im Monat Eintritt frei

Andreaskirche ▸ Klappe vorne, b 2

Die gotische Kirche am Rande des Domviertels markiert den Übergang zum Andreasviertel und hat eine wechselvolle Geschichte hinter sich.

Ihre erste urkundliche Erwähnung stammt aus dem Jahre 1216. Immer wieder wurden Umbaumaßnahmen vorgenommen, vor allem im 14. Jh. Als die Stadt 1416 in Flammen stand, brannte die Kirche teilweise ab. Später rissen die Schweden unter ihrer Besatzungszeit den Helm ab, um dort oben Truppen zu stationieren. Die Franzosen nutzten das Gotteshaus bei ihrer Belagerung als Waffendepot. 1806 explodierte dort Sprengstoff und beschädigte die Fenster der Kirche. Immerhin schon 1522 war die Kirche evangelisch geworden. Auch Luther war hier zu Gast. An ihn erinnert das Modell für seine Grabplatte. Die Form für den Bronzeguss seines Grabes wurde von einem Erfurter Rotgießer hergestellt und zählt heute zu den wertvollsten Schätzen der Andreaskirche.
Altstadt • Andreasstr. 14 • Tram: Dom • www.andreasgemeinde-erfurt.de

Andreasviertel   ▶ Klappe vorne, b 2

Nördlich des Domplatzes beginnt das Andreasviertel, benannt nach der gleichnamigen Kirche. Dass dort heute so viele alte Fachwerkhäuser frisch saniert erstrahlen, ist eher dem Glück zu verdanken, eigentlich sollte das Quartier mit den ärmlichen Handwerkerhäusern aus dem Mittelalter abgerissen werden. Dafür deckte man zu DDR-Zeiten sogar die Dächer ab, um den Verfall zu beschleunigen. So waren nach der Wiedervereinigung viele Häuser nicht mehr zu retten – dort fügen sich jetzt moderne Bauten in das Straßenbild ein. Auffällig ist auch der einzeln stehende Georgenkirchturm. Die dazugehörige Kirche ist im Dreißigjährigen Krieg zerstört worden. Schönste Straße ist die Glockenquergasse, dort findet sich auch ein schöner Kinderspielplatz.
Andreasviertel • Tram: Webergasse, Andreaskirche

WEGZEITEN (IN MINUTEN) ZWISCHEN WICHTIGEN SEHENSWÜRDIGKEITEN
* mit öffentlichen Verkehrsmitteln

	Angermuseum	Alte Synagoge	Augustinerkloster	egapark	Mariendom	Museum für Thüringer Volkskunde	Naturkundemuseum	Neue Mühle	Petersberg	Stadtmuseum
Angermuseum	–	8	11	15*	12	14	11	6	22	4
Alte Synagoge	8	–	8	15*	8	11	7	4	15	7
Augustinerkloster	11	8	–	20*	13	5	11	10	18	5
egapark	15*	15*	20*	–	12*	20*	14*	15*	12*	20*
Mariendom	12	8	13	12*	–	17	3	7	12	10
Museum für Thüringer Volkskunde	14	11	5	20*	17	–	13	15	19	8
Naturkundemuseum	11	7	11	14*	3	13	–	5	15	9
Neue Mühle	6	4	10	15*	7	15	5	–	18	7
Petersberg	22	15	18	12*	12	19	15	18	–	12
Stadtmuseum	4	7	5	20*	10	8	9	7	12	–

Anger
▶ Klappe vorne, d 5–f 4

Der Anger ist Erfurts traditionsreicher Handelsplatz. Er wurde bereits im Jahr 1196 erwähnt. Doch zu großer Bedeutung gelangte der Platz erst vom 14. bis zum 17. Jh., als das begehrte Blaufärbemittel Waid auf dem Anger umgeschlagen wurde. Hier, am zentralen Platz der Stadt, spielte sich Geschichtsträchtiges ab: So diente der Renaissancebau »Schwarzer Löwe« während des Dreißigjährigen Krieges als schwedische Statthalterei. Später, im Jahr 1808, wohnte während des Fürstenkongresses der russische Zar Alexander I. im Anger 6, gleich neben dem heutigen Ursulinenkloster. Goethe, Schiller und Humboldt gingen im Haus Dacheröden ein und aus. Auch Otto von Bismarck weilte in Erfurt: An der Fassade des Bismarckhauses Nr. 33 erinnert noch dieser Spruch an den ehemaligen Reichskanzler: »In Erfurt habe ich mir meine diplomatischen Sporen verdient.«
Altstadt • Anger • Tram: Anger

Anger 1
▶ Klappe vorne, f 3

Als größtes Einkaufszentrum Thüringens wurde 1908 das »Kaufhaus Römischer Kaiser« am östlichen Ende des Angers eröffnet. Der Name lehnt sich an ein Hotel an, das neben zwei weiteren Gebäuden zuvor hier stand. Jugendstilelemente prägen die Sandsteinfassade bis heute, obwohl der Bau im Zweiten Weltkrieg zerstört worden war. Nach dem Krieg wurde das Gebäude schnell wieder aufgebaut, und schon zu DDR-Zeiten war es ein Shopping-Zentrum der Stadt. Heute finden sich in dem sanierten Bau rund 50 Geschäfte auf etwa 11 000 Quadratmetern.
Altstadt • Anger 1 • Tram: Anger

Anger 23
▶ Klappe vorne, e 5

Mit seinen Jugendstilelementen ist das Geschäftsgebäude ein wunderschöner Blickfang am Hauptplatz Erfurts. Zu DDR-Zeiten befand sich hier ein Café, heute sind in dem Haus Boutiquen untergebracht.
Altstadt • Anger 23 • Tram: Anger

Angerbrunnen
▶ Klappe vorne, d 5

Wer wissen möchte, worauf der Reichtum der modernen Stadt Erfurt gründet, der sollte sich den Angerbrunnen genauer anschauen. Der neubarocke Brunnen stammt aus dem Jahre 1880. In seiner Mitte ist die Blumengöttin Flora zu erkennen, umgeben von Blüten und Ähren. Ein Zeugnis, wie wichtig der Gartenbau damals noch für Erfurt war. Doch das ist nicht der einzige Zweig, auf dem die Stadt aufbaut. Eine männliche Skulptur mit Helm und Werkzeug in der Hand symbolisiert zudem die industrielle Entwicklung des prosperierenden Erfurt.
Altstadt • Anger • Tram: Anger

Aquarium Nettelbeckufer
nordwestl. A 1

Mit seinen exotischen Süßwasserfischen zählt das Aquarium zu den artenreichsten im Land. Zu sehen sind hier Piranhas, Seepferdchen, Anemonenfische oder Muränen. Es gehört zwar seit dem Jahr 2003 zum Zoo, aber seine Gründung ging auf eine private Initiative zurück. 1926 pachteten die »Aquarien Liebhaber Erfurt« ein 600 Quadratmeter großes Gelände an der Gera. Aus Betonteichen entstand nach dem Krieg ein differenziertes System von Becken und künstlichen Lebensräumen. Im Jahr 2007 ist ein neues Riffbecken eingeweiht worden.

Ilversgehofen • Nettelbeckufer 28 •
Tram: Wendenstr. • www.zoopark-
erfurt.de • tgl. 10–18 Uhr • Eintritt
2 €, erm. 1 €

⭐ Augustinerkloster

▶ Klappe vorne, d 1–2

Hier wohnte einst Martin Luther:
Zunächst studierte er im Kloster,
1507 ließ er sich dann zum Priester
weihen. Das Kloster wurde 1525 reformiert und evangelisch. Insgesamt
ist die Anlage ein beeindruckendes
Zeugnis der Bauweise der Augusti-
ner-Eremiten, etwa mit der **Augusti-
nerkirche** aus dem endenden 13. Jh.
Ihre Glasfenster haben schon Martin
Luther fasziniert und für sein Siegel
mit der Rose inspiriert. Bis 2014 wurden die Fenster restauriert, Banner
waren als Duplikate aufgehängt –
nun erstrahlen sie in neuem Glanz.
Neben der Kirche ist im Kloster vor
allem der Kapitelsaal im Ostflügel
mit seinen Kreuzgängen und der
Ziegelbepflasterung eine Besichtigung wert.

Die **Bibliothek** aus dem 17. Jh. gehört zu den wichtigsten kirchlichen
Sammlungen Deutschlands, hier la-
gern viele Reformationsschriften.
Das Kloster kann nur mit einer Führung besucht werden. Es ist heute
vor allem Tagungs- und Veranstal-
tungsort, auch Theaterstücke werden dort aufgeführt. Die Ausstellung
»Bibel-Kloster-Luther« erinnert an
den berühmten Augustinermönch,
auch die enge und fast leere »Luther-
zelle« ist zu besichtigen. Keinerlei
persönlicher Besitz, nicht einmal eigene Kleidung, durfte den Weg zu
Gott behindern.

Altstadt • Augustinerstr. 10 • Tram:
Augustinerkloster • www.augustiner
kloster.de • Führungen 6 €, Kinder 4 €

Barfüßerkirche

▶ Klappe vorne, d 5

Die Ruine dieses einst so prächtigen
mittelalterlichen Baus erinnert an
einen Bombenangriff im Zweiten
Weltkrieg. Das Langhaus des von
den Franziskanern im 14. und 15. Jh.
errichteten Gotteshauses wurde
zerstört, lediglich die wertvollen
Fenster aus dem 13. Jh. sowie der
hölzerne Flügelaltar konnten für
die Nachwelt gesichert werden.
Heute befindet sich dort eine Außenstelle des **Angermuseums** mit
mittelalterlicher Sakralkunst wie
gotischer Glasmalerei, zwei Altären
und der Grabplatte der Cinna von
Vargula aus dem 14. Jh. Im Sommer
wird die Ruine zur Bühne für Thea-
teraufführungen.

Altstadt • Barfüßerstr. 20 • Tram:
Anger • www.barfuesserkirche.de

📷 FotoTipp

AUGUSTINERKLOSTER UND KIRCHGASSE

Das Augustinerkloster ist sehr hübsch
mit seinem Innenhof und den alten
Gebäuden. Doch gehen Sie auch einmal in die angrenzende Kirchgasse –
dort können Sie malerische Bilder von
Erfurts engen Gassen und Fachwerkhäusern machen.   ▶ S. 55

Barfüßerschule

▶ Klappe vorne, d 5

Bei dem Gebäude aus dem Jahre
1836 hatte der große Architekt Karl
Friedrich Schinkel seine Finger in
der Planung. Der schlichte Bau
sollte, so waren es seine Pläne, mehr
Struktur mit Verzierungen und klassizistischen Gestaltungselementen
bekommen. Leider hat die Stadt
diese Erweiterungen seinerzeit aus

Kostengründen abgelehnt und die Schule im eher nüchternen Bild errichten lassen. Trotzdem kann man eindeutig die klassizistischen Züge des Gebäudes erkennen, auch wenn es kein echter Schinkel-Bau geworden ist.

Altstadt • Barfüßerstr. 21 • Tram: Anger

Bartholomäusturm

▶ Klappe vorne, e 5

Ein Turm ohne Kirche ragt am Anger in den Himmel: Der Bartholomäusturm hat eine wechselvolle Geschichte. Die dazugehörige Kirche hatte ihren festen Platz im mittelalterlichen Erfurt und wurde 1182 erstmals urkundlich erwähnt. 1412 begann man mit dem Bau des 49 m hohen Turms. Doch bei der Reformation verlor die Kirche ihre Gemeinde und somit auch ihre Geldgeber. Sie zerfiel mehr und mehr und musste 1715 abgerissen werden. Nur der Turm blieb erhalten. Sehenswert ist das Carillon, das große Glockenspiel aus 60 Glocken. Jeden Sa. um 16 Uhr finden Konzerte im Turm statt, anschließend kann er besichtigt werden.

Altstadt • Anger 52 • Tram: Anger • www.bartholomaeusturm.de • Führung und Konzert Sa 16 Uhr • Eintritt 3 €, erm. 1 €

Benediktsplatz

▶ Klappe vorne, d 3

Die Krämerbrücke mündet in einen kleinen, trubeligen Platz, von dem Kreuzgasse, Rathausbrücke und Fischmarkt abzweigen. Geprägt wird der kleine Platz von Restaurants und dem Blick auf die Krämerbrücke.

Altstadt • Benediktsplatz • Tram: Fischmarkt

Bibliotheca Amploniana

nordwestl. A 1

Etwas versteckt in der Universität liegt eine der bedeutendsten mittel-

Die Ruine der im Zweiten Weltkrieg zerstörten Barfüßerkirche (▶ S. 55). Von Mitte Juli bis Mitte August ist sie Bühne für Stücke etwa von Shakespeare oder Oscar Wilde.

alterlichen Handschriftensammlungen der Welt. Die Bibliotheca Amploniana hat 979 Kunstwerke mit handgemalten Schmuckinitialen, Titeleinfassungen und Druckermarken gesammelt. Unter den Zeugnissen der Schreibkunst entdecken Forscher und Studenten immer wieder neue Schriften.

Andreasvorstadt • Nordhäuser Str. 63 • Tram: Universität • www.uni-erfurt.de/amploniana • Mo–Fr 9–17 Uhr • Eintritt frei

Brühler Garten ▸ Klappe vorne, a 6

Eigentlich war er als Zwinger in der Stadtbefestigung erbaut worden, später wurde er als Friedhof genutzt: Der Brühler Garten gilt heute als grüne Oase in der Erfurter Altstadt und ist durchquert von einer schattigen Allee. Auf der 1,5 ha großen Fläche lässt sich im Sommer gut ein Päuschen machen. An den Friedhof erinnern heute nur noch die alten Büsten und ein Grabmal. Ein kleiner Pavillon ziert das Gelände und ist hin und wieder Bühne für Musiker. Kinder freuen sich auf den Spielplatz.

Brühlervorstadt • Tram: Brühler Garten oder Theater

Brunnenkirche ▸ Klappe vorne, b 5

Dass Kirchen über alten heidnischen Quellen errichtet wurden, war im Mittelalter gang und gäbe. So ist auch die Brunnenkirche entstanden. 1253 wurde sie über einem in vorchristlicher Zeit der Göttin Silvia geweihten Wasserbecken erbaut. Heute allerdings wirkt sie kaum noch wie eine Kirche, denn ihr Turm wurde abgetragen. Das schlichte Gebäude wird heute als Seminarhaus von der katholisch-theologischen Fakultät der Universität Erfurt genutzt.

Altstadt • Fischersand • Tram: Dom

Bundesarbeitsgericht

▪ westl. A 3

Auf der eher historisch anmutenden Zitadelle am Petersberg befindet sich ein architektonisches Glanzstück aus dem Jahr 1999: Das Bundesarbeitsgericht wurde aus Kassel nach Erfurt verlegt und bekam ein neues Gebäude. Der Entwurf der deutschen Architektin Gesine Weinmiller erinnert ein wenig an den Bauhausstil, das Gebäude liegt eingebettet in einer modernen Gartenanlage mit kleinem Teich. Hingucker an der Fassade ist der sich endlos wiederholende erste Artikel des Grundgesetzes: Die Würde des Menschen ist unantastbar.

Brühlervorstadt • Hugo-Preuß-Platz 1 • Tram: Bundesarbeitsgericht

Collegium Maius ▸ Klappe vorne, c 3

Das einstige Hauptgebäude der alten Erfurter Universität ist schräg gegenüber der Michaeliskirche zu finden. Das Collegium Maius mit seiner altrosa Fassade war zu Luthers Zeiten das Herz des Studentenviertels. Bestimmt von Zügen der Spätgotik, ist das Gebäude heute ein Schmuckstück der Straße – vor allem mit dem prächtigen Portal und den Maßwerkfenstern. Studenten gehen keine mehr ein und aus, heute hat die Evangelische Landeskirche Mitteldeutschlands hier ihren Sitz. Bis 1998 sah man dem alten Haupthaus der Universität noch die Folgen des Zweiten Weltkriegs an, es war bei einem Bombenangriff der US Air Force 1945 zerstört worden. Erst nach der Wende entschied man sich,

es wieder neu aufzubauen – ganz im alten Stil.
Altstadt • Michaelisstr. 39 • Tram: Domplatz

Comthurhof
> Klappe vorne, d 2

Während der Zeit der Kreuzzüge sind viele Ritterorden als geistliche Zusammenschlüsse entstanden, so auch der Deutsche Orden, der später sein eigenes Reich im Baltikum aufbaute. Dieser Deutschordenstaat hatte viele Verbindungsstellen entlang der Handelswege, u. a. auch in Erfurt. Die Comthur in Erfurt ist schon seit dem 13. Jh. im Besitz des Ordens gewesen. Der Zusammenschluss errichtete 1573 einen aufwendigen Renaissancebau auf dem Grundstück. Im Wappen über dem Torbogen zeigt sich noch das schwarze Kreuz der Ritterschaft. Mit der Kurmainzer Regentschaft über Erfurt erlosch die Glanzzeit des Deutschordens in der Stadt. Doch er ist nicht ganz aus der Stadt verschwunden. Im Stadtteil Ried unterhält er ein Seniorenhaus.
Altstadt • Comthurgasse • Tram: Augustinerkloster

Dendrologischer Garten
westl. A 5

Zwischen ega- und Dreibrunnenpark liegt ein botanisches Kleinod: Der Dendrologische Garten beeindruckt vor allem im Frühling zur Zeit der Kirschblüte. Dann fallen die Blüten wie Schneeflocken vom Himmel, und die Sitzgelegenheiten mit der Pergola werden gleich einen Hauch romantischer. Rosen und Stauden sorgen auch im Sommer für Abwechslung. Im Frühjahr startet hier ein ganz besonderes Event: Das Erfurter Entenrennen schickt Tausende Quietscheentchen flussabwärts – teilweise kann man sie noch an der Krämerbrücke sehen.
Brühlervorstadt • Cyriakstr. • Tram: Wartburgstraße

DenkNadeln

Übergroße Stecknadeln mit orangefarbenem Kopf pieksen vor einigen Häusern in Erfurts Pflaster. Diese neun DenkNadeln regen beim Stadtrundgang an, sich mit der Geschichte der Erfurter in der Zeit des Nationalsozialismus zu befassen. Die riesigen Nadeln dokumentieren das Leiden vieler jüdischer Einwohner während des Zweiten Weltkriegs, indem sie Einzelschicksale kurz vorstellen und an die Ermordeten und Verschleppten erinnern.
Altstadt • verschiedene Standorte

Dreibrunnenbad
südwestl. A 5

Direkt neben dem Luisenpark befindet sich dieses reizende Bad. Ein altes Fachwerkhaus weist den Eingang zum Freibad, das in den 1930er-Jahren entstanden ist. Schon 1880 aber befand sich an dieser Stelle eine Frauenbadeanstalt am Breitstrom. Mit dem später ergänzten Fachwerkbau fühlen sich Gäste fast wie auf dem Bauernhof. Das Bad liegt nah an der Gera und ist bei Familien beliebt wegen seiner Schattenplätze unter den Bäumen. Erwachsene freuen sich über die Kneipp-Anlage.
Brühlervorstadt • Hochheimer Str. 36a • Tram: Luisenpark • www.stadtwerke-erfurt.de • Mo–Fr 11–19, Fr–So 10–21 Uhr • Eintritt 4,20 €, erm. 3,60 €

⭐ egapark
> S. 100

Erfurt ist die Stadt der Gärten und eines der Zentren der Gartenkunst in Deutschland. Entstanden ist der Park 1961 zur Internationalen Gartenausstellung der sozialistischen Länder. Heute gilt die 65 ha große Fläche als eine der besterhaltenen Parkanlagen aus den 60er-Jahren. Hier blüht nicht nur das größte mit Ornamenten besetzte Blumenbeet Europas, es findet sich auch der größte Kinderspielplatz Thüringens mit Matschzone, Kletterpyramiden und Wasserrutsche. Wer die Weitläufigkeit des Parks nicht zu Fuß schafft, setzt sich einfach in den egapark-Express. Spaziergänger mit Kindern sollten für eine Strecke aber lieber den Naturlehrpfad wählen – sogar mit Barfußfühlstrecke. Neben den Außenanlagen mit ihren Springbrunnen lohnt sich ein Blick in die Gewächshäuser, etwa das tropische Pflanzenschauhaus oder das Schmetterlingshaus, aber auch Orchideenhaus und Kakteenhaus sind den Besuch wert. Sogar ein eigenes

Bienenhaus gibt es, das über die Honigsammlerinnen aufklärt. Kunstfreunde erfreuen sich an dem **Skulpturengarten**. Einen Abstecher wert ist auf jeden Fall der kunstvoll gestaltete japanische Garten mit seinen Teichen, geometrisch genau gestutzten Bäumen und dem Pavillon der Dichtkunst. Andere besuchen die **Cyriaksburg**. Von der ehemaligen Zitadelle aus dem 17. Jh. sind die beiden Geschütztürme mit ihren Schießscharten ein sichtbares Zeichen alter Wehrhaftigkeit. Beide Türme wurden Mitte des 20. Jh. erweitert. Einer erhielt eine drehbare Kuppel von Zeiss/Jena als Aufsatz und dient als Sternwarte. Der andere bekam eine große, gewundene, 61-stufige Treppe als Spitze und wird als Aussichtsturm benutzt. Bei klarem Wetter hat man hier eine der schönsten Fernsichten der Stadt. In der Zitadelle befindet sich das Gartenbaumuseum, das auf jeden Fall

Der grüne Stolz Erfurts ist der egapark (▶ S. 58), vor allem mit seinem Ornamentbeet, dem größten seiner Art in Europa. Aber auch der Spielplatz ist einen Abstecher wert.

den Abstecher lohnt. Unter der Burg befindet sich ein System von Gängen, das mit Sonderführungen besucht werden kann. Im Jahre 2021 wird der Park wieder die Bundesgartenschau ausrichten. Am schönsten ist er zum Lichterfest im August. Brühlervorstadt • Gothaer Str. 38 • Tram: ega • www.egapark-erfurt.de • März, April, 16. Sept.–Okt. tgl. 9–18, Mai–15. Sept. tgl. 9–20, Nov.–Jan. tgl. 10–16, Jan.–März tgl. 10–17 Uhr • Eintritt in der Nebensaison frei, Hauptsaison 8 €, erm. 6 €, keine Hunde

Engelsburg   ▸ Klappe vorne, c 3

Der alte Fachwerkhof ganz in der Nähe der Michaelisstraße mit seinen urigen Gewölben hat eine ganz eigene Ausstrahlung. Er stammt wohl aus dem 12. Jh., auch wenn die Engelsburg urkundlich erst 1383 erwähnt wurde. Um 1515 schrieben hier humanistische Größen be-

kannte Werke, so etwa Ulrich von Hutten die »Dunkelmännerbriefe«. Später wurde der Gebäudekomplex als Tabakfabrik umgenutzt. Als das Gebäude nach dem Zweiten Weltkrieg mehr und mehr zu verfallen drohte, tat sich eine Studenteninitiative zusammen und gründete einen Studentenclub. So ist einer der ältesten Bauten der Stadt noch immer fest in den Händen junger Menschen. In den alten Gemäuern befinden sich ein Café, ein Veranstaltungszentrum sowie eine Fahrradwerkstatt. Den Innenhof kann man als Besucher immer besichtigen. Altstadt • Allerheiligenstr. 20 • Tram: Fischmarkt • www.eburg.de

Erfurter Hauptbahnhof

▸ Klappe vorne, f 6

Er stammt aus dem Jahr 1846 und wurde noch vor dem großen Lehrter Bahnhof in Berlin eingeweiht.

Die Erfurter Bürgerschaft sammelte Geld und ließ 1777 den Erthal Obelisk (▸ S. 61) auf dem Domplatz errichten. Gefertigt wurde er aus Wanderslebener Sandstein.

Verkehrstechnisch war Erfurt damals dem großen Berlin eine Nasenlänge voraus. Das Gebäude im Stil des Historismus mit seiner schmucken Sandsteinfassade und den roten Sandsteinakzenten strahlt noch heute eine gewisse Größe aus. Damals war es eine schwere Entscheidung, den Bahnhof innerhalb der Festungsmauern zu errichten. Heute erkennt man von dieser einst militärisch wichtigen Lage nichts mehr wieder. Erfurts Hauptbahnhof ist eine der wichtigsten Verkehrsadern der Innenstadt und verkürzt die Wartezeit mit seinen mehr als 30 Geschäften.
Altstadt • Hauptbahnhof

Erfurter Hof ▸ Klappe vorne, f 6

Vor der deutschen Wiedervereinigung war dieses einst so prächtige Hotel ein Sanierungsfall. Glücklicherweise entschied die Landesentwicklungsgesellschaft, das Gebäude umfassend instand zu setzen. Denn es war nicht nur ein ehemaliges Grandhotel aus alten DDR-Tagen, hier haben sich 1970 auch geschichtsträchtige Szenen abgespielt. Der damalige Bundeskanzler Willi Brandt kam hierher zum ersten deutsch-deutschen Gipfeltreffen. Weil sich solche Nachrichten schon damals nicht hinter verschlossenen Türen geheim halten ließen, stand die versammelte Menge auf dem Bahnhofsplatz und rief »Willy Brandt ans Fenster«. Das war zu damaligen DDR-Zeiten fast ein Skandal – aber es war erfolgreich, denn Willy Brandt zeigte sich tatsächlich und winkte. Den Erfurtern machte das schon 1970 Hoffnung auf die Wiedervereinigung. Das ehemalige Hotel fungiert heute als Geschäftshaus, an die historische Begebenheit erinnert eine Leuchtschrift auf dem Dach.
Altstadt • Willy-Brandt-Platz 1

Erinnerungsort
Topf & Söhne ▸ östl. C 5

Die Technik für die Gaskammern der Konzentrationslager der Nationalsozialisten kam aus Erfurt. Die Firma Topf & Söhne entwickelte diese Technik und stellte Verbrennungsöfen für die Krematorien her. Heute ist das Gelände ein Gedenkort mit Installationen am Außengelände und mit der Ausstellung »Techniker der ›Endlösung‹. Topf & Söhne – Die Ofenbauer von Auschwitz«.
Daberstedt • Sorbenweg 7 • Bus: Spielbergtor • www.topfundsoehne. de • Di–So 10–18 Uhr • Eintritt frei

Erthal Obelisk ▸ Klappe vorne, b 4

Auf dem Domplatz ragt ein Obelisk 18 m in die Höhe. Er gedenkt Friedrich Karl Joseph von Erthal, dem letzten Erzbischof und Kurmainzer Fürsten Erfurts. Er ließ das Gesangbuch in deutscher Sprache drucken und löste Klöster auf, um ihr Vermögen in einen Fonds für Universitäten zu geben. Die Inschrift des Obelisken ist kaum noch lesbar, deutlich zu erkennen sind aber die in den Sandstein gearbeiteten Lorbeerkranzdarstellungen.
Altstadt • Domplatz • Tram: Dom

⭐ Fischmarkt ▸ Klappe vorne, c 3

Vor dem Rathaus erstreckt sich einer der schönsten Plätze Erfurts: der Fischmarkt. Gegenüber dem Rathaus steht die Figur des Römers, sie stammt aus dem Jahr 1591. Im Gegensatz zu ähnlichen Statuen in anderen Städten symbolisiert sie nicht als Roland die Reichsfreiheit Erfurts, denn Erfurt war keine reichsfreie Stadt. Der bewaffnete römische Krieger ersetzte vielmehr eine frühere Statue des heiligen Martin, des Schutzheiligen der Stadt Mainz. Er sollte den Erfurtern die Regentschaft der Kurmainzer Herrschaft stets verdeutlichen. Doch die Erfurter entwarfen diese Statue aus dem Jahre 1591 bewusst kriegerisch, sie symbolisiert bis heute Erfurts Widerstandsgeist gegen Fremdherrschaft. Herausragende Patrizierhäuser geben dem Fischmarkt heute eine ganz besondere Atmosphäre, darunter die Häuser zum Roten Ochsen, zur Güldenen Krone, zum Breiten Herd und zum Güldenen Löwen.

Altstadt • Fischmarkt • Tram: Fischmarkt/Rathaus

📷 FotoTipp

Fischmarkt

Wenn Sie am Fischmarkt die prächtigen Häuser fotografieren möchten, dann sollten Sie am späten Vormittag an Ort und Stelle sein, dann ist das Licht ideal.   ▶ S. 61

Gagarin-Denkmal   ▶ Klappe vorne, f 3

Vor mehr als 50 Jahren flog Juri Gagarin als erster Mensch in den Weltraum. Sein Name ist in der Stadt sehr präsent. Wie der Kosmonaut ausgesehen hat, daran erinnert eine Büste. Das Originaldenkmal steht in Moskau auf der Allee der Kosmonauten. Die Büste stammt von Lew Kerbel, der zu den angesehensten Bildhauern in der ehemaligen Sowjetunion zählte und den Zweitabguss der Stadt Erfurt schenkte. Die Skulptur hat ihren Platz am Juri-Gagarin-Ring gefunden. Diese Straße wurde

schon 1898 als Magistrale angelegt, viele historische Gebäude mussten dafür weichen. Die Hauptverkehrsader verläuft übrigens genau auf den alten Stadtmauern Erfurts.

Altstadt • Juri-Gagarin-Ring, gegenüber dem Hotel Radisson (Hausnummer 127) • Tram: Anger

Georgenburse   ▶ Klappe vorne, d 1

In der Augustinerstraße befindet sich neben dem Kloster noch ein anderes geschichtsträchtiges Haus: Hinter der weißen Fassade versteckt sich die Georgenburse, ein ehemaliges Studentenwohnheim. Dort soll Martin Luther 1501–1505 gelebt haben. So ganz genau weiß man es nicht. Das Gebäude ist noch immer Herberge, allerdings für Pilger des Lutherwegs. Sie können hier schlafen, wie es einst der Reformator auch getan hat. Zudem wird dort eine Ausstellung über das studentische Leben vor 500 Jahren gezeigt.

Altstadt • Augustinerstr. 27 • Tram: Augustinerkloster • www.augustinerkloster.de • Mo, Mi, Fr. 9–14 Uhr, Di, Do 13–17 Uhr.

Gustav-Adolf-Brunnen
▶ Klappe vorne, d 4

Neben der Predigerkirche sitzt ein steinerner Löwe auf einem Brunnen. Unter seinen Tatzen ist das Erfurter Wappen, das Rad mit sechs Speichen zu erkennen. Das Denkmal stammt aus dem Jahre 1911. Damals lag es voll im Trend, sich historischer Ereignisse zu erinnern und Denkmäler dafür zu schaffen. So entstand auch dieser Brunnen im Gedenken an den schwedischen König Gustav Adolf. Ein Relief ziert als Porträt den Sandsteinbrunnen. Für die Erfurter war er ein Hoffnungsträger im Dreißig-

In der Hauptpost (▶ S. 63) an Erfurts zentralem Platz, dem Anger (▶ S. 54), gibt es nicht nur Päckchen, sondern im Erdgeschoss auch eine Reihe von Geschäften.

jährigen Krieg, denn unter der schwedischen Besatzung konnten die Erfurter die Kurmainzer Herrschaft aussetzen. Der fromme Schwedenkönig war damals gerne in der angrenzenden Predigerkirche.
Altstadt • Predigerstr. • Tram: Fischmarkt/Rathaus

Gutenberg-Gymnasium  westl. A 1
Am 26. April 2002 rückte ein schreckliches Ereignis Erfurt in den Mittelpunkt der Weltöffentlichkeit: Ein 19-jähriger Schüler tötete bei einem Amoklauf zunächst zwölf Lehrer, die Sekretärin, einen Polizisten, zwei Schüler und anschließend sich selbst. Es war der erste Amoklauf dieser Art an einer deutschen Schule. An die furchtbaren Tage erinnert heute eine Gedenktafel am Gutenberg-Gymnasium. Erst 2007 und nach umfangreichen Sanierungsarbeiten an dem mehr als 100

Jahre alten Gebäude wurde der Unterricht wieder aufgenommen.
Altstadt • Gutenbergplatz 6 • Tram: Bergstraße

Hauptpost   ▶ Klappe vorne, e 4
Mit dem Turm und seiner der Gotik nachempfundenen Backsteinfassade gehört die Hauptpost zu den Sehenswürdigkeiten des Platzes Anger. Mit dem Bau wurde im Jahr 1882 begonnen. Kurz zuvor war Erfurts Postwesen in die Hände des preußischen Staates gefallen und musste plötzlich ein viermal so großes Gebiet abdecken. Dafür brauchte man ein neues Haus – so entstand dieser Prachtbau. Bis heute können dort Briefe und Pakete verschickt werden.
Altstadt • Anger • Tram: Anger

Haus Alter Schwan   ▶ Klappe vorne, d 2
Zu den ältesten Profanbauten der Stadt gehört das Haus Alter Schwan.

Es wurde 1310 erstmals urkundlich erwähnt, damals fungierte es als Kutschenstation. In der Renaissance erhielt das Gebäude größere Fenster sowie das Portal. Im 18. Jh. wohnte Christoph Martin Wieland hier und verfasste in den Räumen seinen Roman »Der goldene Spiegel oder Die Könige von Scheschian«. Heute befinden sich in den sanierten Räumen ein Hotel sowie ein Restaurant.
Altstadt • Gotthardtstr. 27 • Tram: Fischmarkt/Rathaus

Haus Dacheröden ▸ Klappe vorne, d 5

Am Anger fällt ein Haus ein wenig aus der Reihe der von Schaufenstern und Werbung geprägten Läden: Das Haus Dacheröden hat seinen Namen von seiner einstigen Besitzerfamilie, den Freiherren von Dacheröden. Carl Friedrich Freiherr von Dacheröden leitete von 1778 an die Akademie der Nützlichen Wissenschaften in Erfurt. So kamen schnell Berühmtheiten jener Zeit in die Stadt und in dieses Haus. Alexander von Humboldt kehrte hier ebenso zu akademischen Gesprächsrunden ein wie Goethe oder Schiller. Später traf die Tochter des Hauses, Caroline Friederica von Dacheröden, hier sogar ihren späteren Ehemann Wilhelm von Humboldt. Weitere schöngeistige Tischrunden entstanden, etwa mit Schiller, Henriette Herz und Charlotte von Lengenfeld, der späteren Frau von Schiller. Heute beherbergt der Bau ein Veranstaltungs- und Ausstellungszentrum.
Altstadt • Anger 37/38 • Tram: Anger

Haus zum Breiten Herd

▸ Klappe vorne, c 3

Hier war sogar schon Napoleon zu Gast, als er Sachsens König Friedrich August I. 1808 besuchte. Das Haus zum Breiten Herd hat eine abwechs-

Kultureller Reichtum hinter den goldenen Hörnern: Im Haus zum Roten Ochsen (▸ S. 65) ist seit 1979 die Kunsthalle Erfurt (▸ S. 89) untergebracht.

lungsreiche Geschichte. Es steht im Norden des Fischmarkts, trägt die Nummer 13 und fällt vor allem mit seiner terrakottafarbenen Fassade auf, die ein buntes Fries schmückt. Die Motive stellen von links nach rechts betrachtet die fünf Sinne dar: Sehen, Hören, Riechen, Schmecken, Fühlen. Im nebenstehenden rechten Haus setzt sich der Fries fort. Das Gildehaus zeigt Tugenden wie Mut, Klugheit, Gerechtigkeit und Mäßigung, hat aber seinen Fries nicht farbig abgesetzt, sodass er neben dem des Breiten Herdes etwas verblasst. Lohnenswert ist auch ein Blick an die Spitze der Fassade, sie ist von der Figur eines Landknechts gekrönt. Darunter zeigen sich vergoldete Figuren.

Altstadt • Fischmarkt • Tram: Fischmarkt/Rathaus

Haus zum Goldenen Einhorn

> Klappe vorne, b 3

Ein Blick in die Höhe lohnt sich, denn am »Haus zum goldenen Einhorn« schmückt ein besonderes Fries den Erker: der älteste Hauszeichenstein Deutschlands, den das Motiv eines Einhorns ziert. Das ursprüngliche Gebäude aus dem Jahr 1536 wurde 1905 durch ein neues ersetzt, von den alten Mauern ist nur der Hauszeichenstein erhalten.

Altstadt • Domplatz 1 • Tram: Dom

Haus zum Güldenen Rade

> Klappe vorne, c 3

Aus dem Jahr 1551 stammt dieses prächtige Gebäude, dem sich ein großes Grundstück anschließt. Es gehört zu den schönsten Patrizierhäusern der Stadt. Hier wurde einst Bier gebraut, später logierte ein Tabakkonzern in den Räumen. Er

wuchs so sehr, dass die angrenzenden 20 Häuser später auch zur Zigarrenherstellung gebraucht wurden. Später ging die Produktion wieder zurück, aber immerhin war die Tabakmühle bis 1908 in Gang. Heute finden sich in dem Gebäude ein Restaurant sowie die Räume des ZDF.

Altstadt • Marktstr. 50 • Tram: Dom

Haus zum Roten Ochsen

> Klappe vorne, c 3

Der Namensgeber ist eher unauffällig in das Fries über der Tür eingearbeitet: ein roter Ochse mit goldenen Hörnern. Das Haus gehört zu den schönsten Renaissancebauten der Stadt. Es stammt aus dem Jahr 1562, wurde wohl von einem Waidhändler in Auftrag gegeben und gibt Zeugnis vom damaligen Reichtum der Stadt. Die Stockwerke sind den verschiedenen antiken Baustilen nachempfunden, etwa dem dorischen oder dem ionischen. Der Zwerchgiebel ist reich mit Schmuckfiguren ausgestattet und lohnt den Blick nach oben. Blickfänger des Hauses aber sind die Friese. Nicht nur der Ochse wird darin dargestellt, sondern auch die Planetengötter und Musen. In den 1960er-Jahren wurde das Haus als Kino genutzt, heute logiert hier Erfurts Kunsthalle (▶ S. 89). Sehenswert ist auch der Renaissancesaal im ersten Stock.

Altstadt • Fischmarkt 7 • Tram: Fischmarkt/Rathaus

Haus zum Schwarzen Horn

> Klappe vorne, d 3

Hinter der grau verputzten Fassade des Hauses verbirgt sich ein historischer Ort: Erfurt gehört zu den Orten in Deutschland mit einer großen Tradition im Druckhandwerk.

Wolfgang Schenk und später Mathes Maler hatten hier ihre Werkstätten und Verlage. Im Haus zum Schwarzen Horn wurden die ersten lutherischen Gesangbücher gedruckt, aber auch viele seiner Flugblätter. Später entstammten dem Haus die ersten Rechenbücher von Adam Ries (als Adam Riese bekannt), der auch in Erfurt gewirkt hat. An das Rechengenie erinnern heute nicht nur eine Tafel am Haus zum Schwarzen Horn, sondern auch eine Büste von Ries sowie eine in den Pflasterstein eingelassene Bronze. Heute befindet sich ein Restaurant in dem Gebäude.
Altstadt • Michaelisstr. 48 • Tram: Fischmarkt/Rathaus

☆ MERIAN Tipp

SHOPPING AN DER LANGEN BRÜCKE ▸ Klappe vorne, c 5

Entlang der Langen Brücke haben sich außergewöhnliche Geschäfte etabliert. Selbstgeschneidertes, handgefertigte Seifen oder mexikanische Mützen – kleine, aufstrebende Existenzgründer haben die Chance, aus einer Idee einen erfolgreichen Laden zu machen. ▸ S. 17

Haus zum Sonneborn

▸ Klappe vorne, c 4

Blütenblätter oder Reis liegen auf dem alten Kopfsteinpflaster vor dem Eingang und deuten unzweifelhaft darauf hin, dass sich hier ein Standesamt befindet. Das Haus in der Großen Arche gehört zu den schönsten Bürgerhäusern der Stadt. Es stammt aus dem Jahr 1536. Vor allem das prächtige Portal des sonnengelben Gebäudes gibt Zeugnis

der Renaissancezeit. Bemerkenswert sind die Kratzzeichnungen, Sgraffiti genannt, der Fensterläden im ersten Stock. Neben dem Portal befindet sich ein modernes, schmiedeeisernes Brunnenhaus, es gedenkt einem alten Brunnen, der hier einst wohl gestanden haben soll.
Altstadt • Große Arche 6 • Tram: Domplatz

☆ 6 Haus zum Stockfisch

▸ Klappe vorne, e 2

Seine schachbrettähnliche Fassade sticht unter den anderen Häusern deutlich heraus – das Haus zum Stockfisch präsentiert sich schon äußerlich als ein besonderes Gebäude der Innenstadt. Dort ist heute das Stadtmuseum (▸ S. 91) untergebracht. Der namensgebende Fisch, beliebte Nahrung im Mittelalter, prangt als Relief deutlich über dem Eingang, darunter die Inschrift »Das Havs stehet in Gottes Hand zvm Stockfisch ist genand«. Seine Pracht geht auf einen Waidhändler zurück und zeigt sich besonders in dem Renaissanceerker. Der Bau stammt in dieser Form wohl aus dem Jahre 1607 und gibt Zeugnis vom einstigen Reichtum der Bürger. Friese und Ornamente zieren den Bau, mehr und mehr Einzelheiten lassen sich erkennen, je länger man seinen Blick in das Schachbrettmuster vertieft. Nebenan befindet sich das Haus zum Mohrenkopf. Nicht mehr ganz so zeitgemäß mag dieser Name des Gebäudes klingen, aber ob die beiden Köpfe früher Abbilder von Schwarzen waren, lässt sich heute nicht mehr sagen. Auf jeden Fall waren sie ein Symbol für die Biertrinker. Wenn im Haus gerade frisches Bier gebraut wurde, bekamen die Köpfe einfach

Stroh in den Mund gestopft – und die Kenner wussten, dass sie einkehren konnten. Heute ist nur noch das große Loch zu sehen, in das vom Wirt einst das Stroh gesteckt wurde.
Altstadt • Johannesstr. 169 • Tram: Futterstraße • www.stadtmuseum-erfurt.de

Haus zur Hohen Lilie

▶ Klappe vorne, b 4

Mit seiner grün-weißen Fassade zieht das Haus am Domplatz die Blicke auf sich. Einst lag hier ein Zisterzienserkloster, doch davon sind lediglich die Kellermauern erhalten. Es brannte im 15. Jh. ab, wurde anschließend im Stil der Renaissance wieder aufgebaut – und ist seitdem Gaststätte. Schon viele historische Persönlichkeiten waren hier, darunter Martin Luther oder auch Napoleons Bruder Jerome von Westfalen. Später kam auch Bundeskanzler Helmut Kohl zum Essen. Das Haus zählt zu den ältesten Gasthäusern Europas.
Altstadt • Domplatz 31 • Tram: Dom

Haus zur Narrenschelle

▶ Klappe vorne, d 3

Der Künstler Erich Enge nimmt mit seinen Motiven Bezug auf den Karneval, denn seit dem Jahr 2000 hat hier Erfurts Karnevalsverein seinen Sitz. Deswegen schmückt auch ein geschmiedeter Ausleger mit einer Narrenkappe und einer vergoldeten Schelle das Haus. Vor dem Gebäude steht das Eulenspiegel-Denkmal der Künstlerin Anke Besser-Güth. Es ziert die Stadt seit 2001 und stellt Eulenspiegel mit einem Esel dar, denn der Narr soll in Erfurt der Sage nach einem Esel das Lesen beigebracht haben.
Altstadt • An der Stadtmünze 13 • Tram: Fischmarkt/Rathaus

Wer in Erfurt heiratet, geht ins Haus zum Sonneborn (▶ S. 66). Hier ist das Standesamt untergebracht. Die Blüten zum Streuen gibt's gleich neben dem Portal.

Das Kakteenessen bei Kakteen Haage (▶ S. 69) hat Tradition und ist schnell ausgebucht. Das freut den Inhaber der Gärtnerei, Ulrich Haage.

Haus zur Windmühle

▶ Klappe vorne, c 3

Für ein Ratsmitglied wurde es einst erbaut – das Haus zur Windmühle gehört zu den prächtigen Profanbauten der Altstadt. Joachim Gerstenberg war nicht nur ein Ratsmitglied, sondern auch Bierbrauer – und verfügte über ein stattliches Vermögen. Deswegen kaufte er später noch das benachbarte Gebäude zum Blumenstein und auch das Haus zum Krönbacken.

Die Fassade mit den vielen Fenstern und dem prächtigen Portal lässt seinen Wohlstand erahnen. Wie auch in anderen Häusern der Stadt sind hier zwei Löcher über dem Eingang zu finden. Sie symbolisieren die durstigen Kehlen. Wenn das Bier frisch gebraut war, wurde dort Stroh hineingestopft, als Zeichen, dass der Gerstensaft wieder floss.

Heute ist in dem Gebäude eine Musikschule untergebracht.
Altstadt • Allerheiligenstr. 6 • Tram: Fischmarkt/Rathaus

Herrmannsbrunnen ▶ Klappe vorne, b 6

Dieser Brunnen, der ein wenig an einen Kirchturm erinnert, ehrt einen verdienten Erfurter Bürger: Karl Herrmann hat sich vor allem für den Bau der Eisenbahnlinie stark gemacht, aber auch den Gartenbauverein mitgegründet, und er trug als Geschichts- und Heimatforscher wichtige Dokumente zusammen. An dieses Schaffen soll der Brunnen aus dem Jahr 1876 erinnern.
Altstadt • Herrmannsplatz • Tram: Dom

Johannesturm ▶ Klappe vorne, d 1

Erfurt galt früher auch als Stadt der Türme. Tatsächlich sind einige

Kirchtürme übrig geblieben, während die Gotteshäuser abgerissen werden mussten. Ein solches Beispiel ist auch der Johannesturm. Er stammt aus dem 12. Jh. und war Johannes dem Täufer gewidmet. Der Bau wurde im 15. Jh. erneuert. In Betrieb war er dann nur kurze Zeit, mit der Reformation verlor die Kirche ihre Bedeutung und verkam zur Lagerstätte. 1819 schließlich wurde das Kirchenschiff abgerissen, allein der Turm blieb erhalten und fungiert heute als Glockenturm.
Altstadt • Johannesstr. • Tram: Augustinerkloster

Kaisersaal   ▶ Klappe vorne, e 2

Eigentlich als Universitätsballhaus gedacht, ist der Kaisersaal heute Veranstaltungszentrum der Stadt. Hier trifft man sich, wenn es etwas nobler zugehen soll. Früher fanden sich neben Johann Wolfgang von Goethe, Friedrich Schiller, Niccolò Paganini, Clara Schumann oder Franz Liszt auch Napoleon I. und Zar Alexander im Kaisersaal 1808 zum Fürstenkongress ein. Das Herzstück des Hauses mit der klassizistischen Fassade ist der zweigeschossige Saal mit seiner prächtigen Decke und den verzierten Rängen.
Altstadt • Futterstr. 15/16 • Tram: Futterstraße • Besichtigung nur im Rahmen von Veranstaltungen

Kakteen Haage   westl. A 5

Erfurt als Gartenstadt rühmt sich zugleich damit, die älteste Gärtnerei Deutschlands zu beherbergen. Doch statt auf Blumenkohl und Puffbohnen hat sich Haage auf Kakteen spezialisiert und ist damit heute sogar die älteste Kakteengärtnerei der Welt. Pflanzen von Haage wurden schon nach Peru, USA oder Korea exportiert. Einige sind winterhart. Besonders schön ist der Besuch in der Gärtnerei zum Kakteenessen-Event, das mehrmals im Jahr kulinarische Köstlichkeiten aus den dornigen Pflanzen zaubert.
Brühlervorstadt • Blumenstr. 68 • Tram: Webergasse/Andreaskirche (15 Min. Fußweg) • Mo–Fr. 8–18, Winter bis 16, Sa 10–15 Uhr

Kanonenkugel   ▶ Klappe vorne, b 3

Fast kann man dieses Mahnmal übersehen, so unscheinbar ist es. Eine Kanonenkugel mit der Aufschrift 6. Nov. 1813 erinnert an einen schwarzen Tag in der Stadtgeschichte. Damals trafen etwa 2500 solcher Geschosse Mauern und Fenster, das Peterskloster ging in Flammen auf. Während der französischen Besatzung war die Stadt von Preußen, Österreichern und Russen belagert und beschossen worden.
Altstadt • Andreasstr. 31 • Tram: Dom

Kaufmannskirche   ▶ Klappe vorne, e 3

Sie gehört zu den ältesten Kirchen der Stadt: Die Kaufmannskirche an der Nordseite des Angers stand schon im 12. Jh. an dieser Stelle, musste aber nach einem Brand im 14. Jh. erneuert werden, daher stammt die erste urkundlich verbriefte Weihe auch aus dem Jahr 1368. Die Kirche ist dem heiligen Gregor gewidmet. Ihren Namen aber trägt sie aufgrund ihres Umfeldes, denn sie stand mitten in der Wohngegend reicher Erfurter Kaufleute. Schon zuvor lag sie an der berühmten Via Regia, dem mittelalterlichen Verkehrsweg, der Moskau mit Paris verbunden hat. Als Zeichen ihres Reichtums ist sie mit

📷 FotoTipp

Krämerbrücke

Wenn Sie die Krämerbrücke menschenleer fotografieren wollen, sollten Sie sich vor 9.30 Uhr auf den Weg machen, die meisten Führungen starten erst später.   ▸ S. 70

zwei Kirchtürmen versehen, nur wenige Kirchen Erfurts tragen dieses Merkmal. Auch heute liegt sie mitten in der quirligen Innenstadt, und ihr Umfeld ist vom Handel geprägt. Es gibt Pläne, die Kirche zu einem sozialen und kulturellen Zentrum der Stadt zu machen, dazu soll sie einen modernen, gläsernen Anbau bekommen.

Die Kaufmannskirche ist innen im reformierten Renaissancestil ausgestattet und kann auf eine bewegte Historie zurückblicken. Hier predigte schon Martin Luther 1522 im Zuge der Reformation. 1636–1650 wird sie zur schwedischen Garnisonskirche. Zudem gilt sie als Hauskirche der Familie Bach, die Eltern von Johann Sebastian wurden hier nicht nur getraut, sondern auch getauft. Der Komponist selbst hielt sich auch gern in der Kirche auf. Sehenswert sind vor allem der aus Lindenholz geschnitzte Hochaltar aus dem 17. Jh. sowie die Kanzel und der Taufstein. An der Außenwand erinnert ein Steinkreuz mit Inschrift an Luthers Wirken.

Altstadt • Anger • Tram: Anger • 21. März–10. Nov. Mo–Sa 11–17 Uhr

Kornhofspeicher   ▸ Klappe vorne, a/b 1

Der Kornhofspeicher aus dem Jahr 1465 gehört zu den größten und best erhaltenen spätmittelalterlichen Gebäuden seiner Art. In ihm wurde das Zinsgetreide aufbewahrt, also die Naturalien, die die Bauern anstelle von Steuern zahlen mussten. Der einst viergeschossige Bau mit seinem Krüppelwalmdach und den Biberschwänzen wird seit 2014 als Parkhaus genutzt.

Altstadt • Große Ackerhofgasse • Tram: Webergasse

⭐ **Krämerbrücke**   ▸ Klappe vorne, d 3

Das Haus zum Roten Turm stammt aus dem Jahre 1460 und gehört zu den ältesten Häusern auf der Brücke. Dass die vielen Gebäude auf der Brücke überhaupt noch stehen, ist Glückssache, denn im 19. Jh. gab es Pläne der Stadt, die Bebauung komplett abzureißen. Die Benediktikirche war diesen Plänen schon 1810 zum Opfer gefallen, 85 Jahre später wurde auch ihr Turm abgerissen. Doch wegen der Kosten und aus Gründen der Vernunft blieb das Ensemble Krämerbrücke schließlich doch stehen.

Die Bombardierungen der US-Armee zerstörten im Zweiten Weltkrieg zwei Häuser auf der Brücke, die später neu errichtet wurden. Schon zu DDR-Zeiten entwickelte sich ein Bewusstsein für die Einmaligkeit dieses Baudenkmals, und es wurden Mittel bereitgestellt, um die Häuser zu sanieren. Nach der politischen Wende wurde eine Stiftung zur Erhaltung der Krämerbrücke gegründet. Sie engagiert sich seither und hat sich ein schönes Nutzungskonzept für die Brücke überlegt: Wer dort einen Laden betreiben möchte, muss eine besondere Geschäftsidee haben. So soll sichergestellt werden, dass die alten Häuser auch mit altem Handwerk belebt bleiben, anstatt

Filialen von Ketten zu beherbergen. Auf diesem Weg hat es Erfurt geschafft, der Krämerbrücke ein unverwechselbares Gesicht zu geben – und neue Sterne zum Leuchten gebracht, etwa die Schokoladenmanufaktur Goldhelm, den mittelalterlichen Bäcker oder das **Atelier des Puppenmachers** Martin Gobsch. Sie alle mussten sich mit einem Konzept um den Verkaufsraum bewerben. Heute bezaubern die außergewöhnlichen Lädchen und Restaurants die Besucher.
Altstadt • Krämerbrücke • Tram: Fischmarkt/Rathaus

Kressepark   südl. A 1

Seit sechs Generationen wird hier die berühmte Erfurter Brunnenkresse von einer Familie angebaut. Sie mundete sogar Napoleon bei seinem Erfurtbesuch im Jahre 1808 so gut, dass er seinem Gärtner befahl, sie in Versailles zu kultivieren. Der Kressepark wird heute geprägt von einem außergewöhnlichen Restaurant, der Villa Haage (▸ MERIAN Tipp, S. 14), und einem kleinen Hofladen, der vor allem Fisch verkauft. Doch es lohnt sich auch, sich die Zeit zu nehmen und die Natur zu entdecken. Mit etwas Glück kann man sogar Eisvögel sehen. Für Kinder gibt es einen hübschen Spielplatz. Größere toben in der Kletterhalle.
Löbervorstadt • Kresseweg • Tram: Steigerstraße • www.kressepark-erfurt.de, www.blockpark.de • der Kressepark ist tgl. ab 9 Uhr, die Boulderhalle von 10–23 Uhr geöffnet

Kulturhof Krönbacken

▸ Klappe vorne, c 2

Eintreten lohnt sich, denn im Innenbereich befindet sich der Kulturhof Krönbacken. Einst charakterisiert vom Waidhandel, ist der große

Der Kressepark (▸ S. 71) ist ein beliebtes Ausflugsziel im Erfurter Süden. Im Hofladen gibt es nicht nur Kresse, sondern vor allem auch fangfrischen Fisch.

Waidspeicher heute zur Bühne für moderne Ausstellungen, Theaterstücke, Kino und Kabarett geworden.
Altstadt • Michaelisstr. 10 • Tram: Fischmarkt/Rathaus • Tel. 0361/6551960 • www.kroenbacken.de • Di–So 11–18 Uhr

Lange Brücke   ▶ Klappe vorne, c 5
Von der Großen Arche bis zur Regierungsstraße führt über die Lange Brücke eine der schönsten Einkaufsstraßen der Stadt. Sie überspannt die beiden Gera-Seitenarme Walkstrom und Bergstrom. Von der ursprünglichen Brückenkonstruktion ist nur noch die Bergstrombrücke erhalten, sie stammt aus dem Jahr 1830.
Altstadt • Lange Brücke/Stiftsgasse • Tram: Dom

Lorenzkirche   ▶ Klappe vorne, e 4
Die Pfarrei St. Lorenz gilt als die älteste der Stadt. Erstmals urkundlich

erwähnt wurde die Kirche im Jahr 1140. Sie war unabhängig vom Dom und blieb auch nach der Reformation katholisch. Heute zählt sie zu den größeren katholischen Gemeinden der Landeshauptstadt. Die Bausubstanz von St. Lorenz ist allerdings nicht ganz so alt, denn Stadtbrände forderten auch hier ihren Tribut. Im 15. Jh. wurde die Kirche umgebaut; das nördliche Seitenschiff und die Langhausfassade entstanden. Zu DDR-Zeiten fanden in dem Gotteshaus schon seit 1978 Friedensgebete statt. Die Lorenzkirche war auch Zentrum der friedlichen Revolution. Von hier aus startete ein erster Zug durch die Erfurter Innenstadt.
Altstadt • Schlösserstr. • Tram: Anger

Lutherdenkmal   ▶ Klappe vorne, e 3
»Ich werde nicht sterben, sondern leben und des Herrn Werk verkün-

Das Lutherdenkmal (▶ S. 72) vor der Kaufmannskirche (▶ S. 69) am Anger. Eingeweiht wurde es am 30. Oktober 1889 – am Vorabend des Reformationstags.

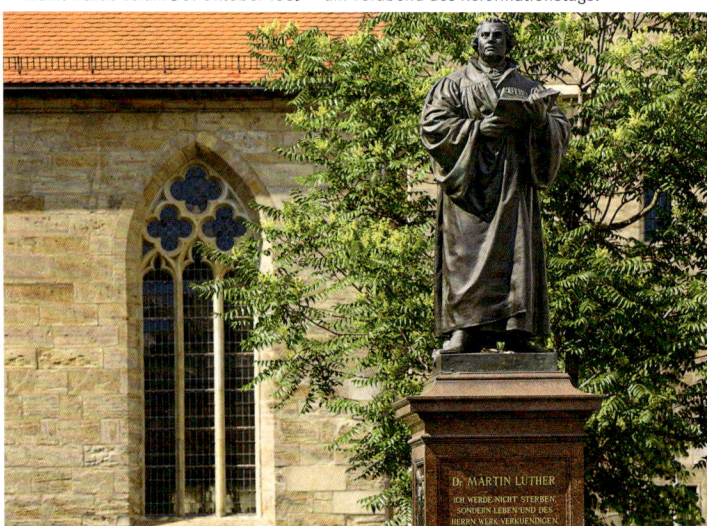

den« steht in goldenen Lettern unter dem großen Denkmal am Anger. Darüber eine große Statue mit Talar und der geöffneten Bibel in der Hand: Das 6 m große Denkmal zeigt Martin Luther, der zwischen 1501 und 1511 in Erfurt lebte und studierte. Es stammt aus dem Jahre 1889 und befindet sich neben der Kaufmannskirche, wo Luther 1522 in der turbulenten Reformationszeit oft predigte.

Altstadt • Anger • Tram: Anger

Lutherstein   ▥ nördl. C 1

7 km von Erfurts Stadtzentrum entfernt trug sich 1505 ein entscheidendes Ereignis zu: Der junge Student Martinus Luder ex Mansfeld, später bekannt als Martin Luther, gerät auf dem Rückweg von seinen Eltern in ein bedrohliches Gewitter. Er schwor bei der Heiligen Anna, dass er Mönch werden wolle, wenn er von den Blitzen verschont bliebe. Tatsächlich erreichte er sein Studentenwohnheim später unbeschadet. Das Erlebnis aber scheint derart großen Eindruck auf ihn gemacht zu haben, dass er 14 Tage später ins Augustinerkloster eintrat. So jedenfalls sagt es die mündliche Überlieferung, schriftlich belegt ist die sagenumwobene Gewitterbegegnung nicht. Aber im Stadtmuseum ist ein hübscher Stahlstich zu diesem Motiv zu sehen. Und die Stelle, an der Luther seinen Schwur abgegeben haben soll, ziert heute ein großer Stein aus schwedischem Granit. Er geht auf eine Stiftung einer Erfurter Bürgerin zurück und ist ein beliebtes Ausflugsziel. Besucher müssen übrigens dort keine Angst mehr vor einem Unwetter haben. Eine kleine Schutzhütte bietet Unterschlupf.

Stotternheim • Tram: Grubenstraße, anschließend Bus: Bergfeldstraße

Lutherweg   ▶ Klappe vorne, d 1/2

Er verbindet 30 Orte Thüringens miteinander und gilt als evangelischer Pilgerweg. Der Lutherweg geht auch quer durch Erfurt. Gekennzeichnet mit einem großen L, führt er in vier großen Wegschlaufen durch die Stadt, etwa entlang am Collegium Maius, der Georgenburse oder der Michaeliskirche. Das Augustinerkloster bildet dabei das Zentrum zwischen den Schlaufen. Wer Geschmack am Pilgern gefunden hat, kann von hier aus gleich weiter gen Weimar oder Arnstadt.

Altstadt • Augustinerkloster • Tram: Augustinerkloster

⑧ MERIAN Tipp

LUISENPARK   ▥ südwestl. A 5

Der wohl schönste Park Erfurts liegt südlich vom ega: Der Luisenpark grenzt direkt an die Ufer der Gera und besticht mit seinen langen Alleen Schatten spendender Bäume direkt am Wasser.   ▶ S. 17

Maria Magdalenen Kapelle

▶ Klappe vorne, c 4

Die kleine Kapelle an der Arche ist ein Schmuckstück zwischen den Häusern. Der Bau mit den hübschen Glasfenstern stammt aus dem 13. Jh. und war ursprünglich eine Friedhofskapelle. Doch immer weniger wurde sie genutzt, spätestens mit der Reformation stand sie schließlich leer. Ende des 19. Jh. wurde sie offiziell entweiht und umgebaut. Bis vor einigen Jahren diente sie noch als Spielort für Theaterstücke. Heute

ist dort ein Urnenplatz, ein Kolumbarium, zu finden.
Altstadt • Kleine Arche 5 • Tram: Domplatz Süd

FotoTipp

Mariendom und St. Severi

Die besten Aufnahmen von Dom und Sankt-Severi-Kirche entstehen am Abend. Dazu brauchen Sie ein Stativ, um die beleuchteten Bauwerke zu fotografieren. Ansonsten besser in den Morgenstunden, die Sonne vom Osten beleuchtet die Frontseiten. ▶ S. 74

8 Mariendom   ▶ Klappe vorne, b 4

Der Mariendom ist wichtigster und ältester Sakralbau der Stadt. Bereits 724 soll an dieser Stelle eine Kirche als Bischofssitz gestanden haben. Im Jahr 1154 begann der Bau der romanischen Basilika. Wichtigstes Zeugnis jener Zeit sind der Bronzeleuchter »Wolfram« als ältestes frei stehendes Gusswerk Deutschlands sowie die Stuckmadonna als Teil des Altaraufsatzes. Errichtet im Stil der Romanik, wurden Chor und Langhaus bei Umbauten und Erweiterungen im Stil der Spätgotik erneuert. Links vom Hauptschiff sind Kirchenschätze zu sehen, etwa die Reliquien des hl. Bonifatius und ein gotisches Kästchen mit Reliquien der hl. Elisabeth von Thüringen, übrigens Patronin des Bistums.

Zu den Höhepunkten einer Dombesichtigung zählen die Glasfenster. Der Gemäldezyklus aus dem 13. Jh. gehört zu den besterhaltenen seiner Art in Deutschland und ist am wunderbarsten, wenn ihn die Morgensonne zum Leuchten bringt. Ebenfalls bemerkenswert ist der barocke

Hochaltar mit Motiven der Anbetung der Heiligen Drei Könige sowie der Cranach-Altar.

Nach der Wiedervereinigung gründete sich das neue katholische Bistum Erfurt und erhob den Dom zur Kathedrale. Merkwürdiges Detail am Domportal: Der Knauf ist als Löwe gestaltet, der einen Totenkopf verspeist. Zeitgleich mit dem Dom entstand nebenan ein Kloster, das die St.-Severi-Kirche gegenüber einrichtete. Beide Gebäude bilden heute ein beeindruckendes Ensemble – vor allem vom Fuß der Domstufen aus betrachtet. Dann sehen Besucher den Unterbau des Doms, die rund 12 m hohen Kavaten. Sie tragen das östliche Kirchenschiff und sind eine einzigartige Architekturleistung jener Epoche.

Altstadt • Domstufen 1 • Tram: Domplatz • www.dom-erfurt.de • Mai–Okt. Mo–Sa 9.30–18, So 13–18, Nov.–April Mo–Sa 9.30–17, So 13–17 Uhr • Eintritt frei

MDR   westl. A 5

Die fünftgrößte ARD-Anstalt, der Mitteldeutsche Rundfunk (MDR), sitzt in Erfurt und macht ein erfolgreiches Programm. Sein Drittes gehört sogar zu den beliebtesten der Republik. Zudem werden acht Radiosender hier bespielt. Erfurts Gäste haben die Möglichkeit, bei Livesendungen dabei zu sein, wenn sie sich vorher anmelden (Tel. 08 00/2 18 16 16, kostenfrei). Für Familien ist es noch spannender, den Kinderkanal, kurz KiKA, einmal zu besuchen und zusammen mit dem Nachwuchs zu sehen, mit welchen Tricks Fernsehleute arbeiten. Dazu bietet der Kinderkanal eigene Führungen an. Viele der Angebote sind

Der Mariendom (▶ MERIAN TopTen, S. 74) ist die Bischofskirche des 1994 neu gegründeten Bistums Erfurt. Berühmt sind der Hochaltar und der Glasgemäldezyklus.

kostenlos, Infos dazu kann man beim Sender erfragen.
Brühlervorstadt • egapark • Tel. 0180/ 2 15 15 14 • Tram: ega • www.kika.de

MDR-KiKA-Figuren 👫

Käpt'n Blaubär schippert auf der Gera vor sich hin, die Tigerente leuchtet gelb gestreift in der Schlösserstraße, und zum Sandmännchen setzen sich gerne die Familien auf die Bank an der Rathausbrücke – in Erfurt wimmelt es von lauter lustigen Figuren aus Kinderfilmen. Sie wurden im Jahr 2007 an verschiedenen Plätzen in der Stadt aufgestellt, als der Kinderkanal, der KiKA, sein zehnjähriges Jubiläum feierte. Das Gemeinschaftsprogramm von ARD und ZDF sendet aus der Landeshauptstadt Erfurt, der Mitteldeutsche Rundfunk (MDR) hat die Federführung. Die meisten Figuren finden sich zwischen der Krämerbrücke, der Rathausbrücke und dem Anger, aber auch am Flughafen begrüßen sie die Besucher.
Altstadt • verschiedene Standorte

Michaeliskirche   ▶ Klappe vorne, c 3

Die evangelische Kirche hatte ihre Blütezeit als Universitätskirche von 1392 bis 1816, als die Universität direkt gegenüber lag. Später wurde der spätromanische Bau zur Gemeindekirche. In dem Gotteshaus hängt die älteste Glocke Erfurts (1380). Die Kirche war auch einst Mittelpunkt der Reformation. Denn unter den Erfurter Studenten befand sich kein Geringerer als Martin Luther. Ihm ist es zu verdanken, dass hier 1521 die ersten evangelischen Gottesdienste stattfanden. Die Verbreitung des Evangeliums hatte also auch ihre Wurzeln in Erfurt. Schon Luther hat den Taufstein der Kirche betrachtet. Noch mehr hat aber wohl das Gemälde »Johannes, der Evangelist als Mönch« am östlichen Pfeiler die Aufmerksamkeit des jungen Reformators geweckt. Sehenswert ist auch der Friedhof mit seinen alten Grabmälern und der Kapelle.

Altstadt • Michaelisstr. 11 • Tram: Fischmarkt/Rathaus • www.kirchen kreis-erfurt.de • Mai–Sept. tgl. 10–18, Okt.–April tgl. 10–16 Uhr

Michaelisstraße   ▶ Klappe vorne, c 2

Diese Straße war schon zu Zeiten Luthers beliebte Kneipenmeile der Stadt. Auch heute finden sich dort Szenekneipen, in denen sich nicht nur Studenten abends treffen.

Altstadt • Michaelisstr.

Minervabrunnen   ▶ Klappe vorne, b 4

Einst versorgten 55 Brunnen die Stadt mit Wasser. Zeugnis dieses dichten Netzwerkes ist der Minervabrunnen, der als ältester Erfurts gilt. Er stammt aus dem Jahr 1784 und stellt die römische Göttin mit Schild, Speer und Helm dar. Sie steht für die erblühende Kultur, Wissenschaft und Handwerkskünste während der Kurmainzer Zeit. Der Brunnen, der zu DDR-Zeiten ziemlich verfallen war, wurde nach der Wende wieder restauriert.

Altstadt • Domplatz • Tram: Dom

Neue Synagoge   B 4

Das Pogrom aus dem Jahre 1349 hatte u.a. die Alte Synagoge Erfurts schwer beschädigt. So plante man im 19. Jh. ein neues Gebetshaus für die jüdische Gemeinde. Ein prunkvoller historistischer Kuppelbau entstand 1882 am heutigen Juri-Gagarin-Ring und bot 500 Gläubigen Platz. Während der Nazizeit wurde die Synagoge in der Reichspogromnacht

Der Minervabrunnen (▶ S. 76) ist der letzte von einst 55 Brunnen, die im Erfurt der frühen Neuzeit der öffentlichen Wasserversorgung dienten.

zerstört. Nach dem Zweiten Weltkrieg entschieden sich die Stadt Erfurt und die jüdische Gemeinde schon bald wieder, ein neues Gebetshaus zu errichten. So entstand 1951 die Neue Synagoge als ein schlichter Putzbau. Es war die einzige Synagoge, die in der ehemaligen DDR wiedererrichtet wurde. Heute ist sie Zentrum des jüdischen Lebens, u. a. zu den wöchentlichen Schabbat-Gottesdiensten.
Altstadt • Max-Cars-Platz 1 • Tram: Augustinerkloster

Nikolaiturm mit Elisabethkapelle
▸ Klappe vorne, c 2–d 2

Neben dem Augustinerkloster ragt ein einsamer weißer Turm in die Höhe. Die Nikolaikirche fiel Mitte des 18. Jh. einem Brand zum Opfer und wurde abgerissen. Geblieben ist nur der Turm, in ihm befindet sich die Elisabethkapelle. Bemerkenswert sind dort vor allem die mittelalterlichen Wandmalereien – sie gehören zu den ältesten Thüringens.
Altstadt • Augustinerstr. 10 • Tram: Augustinerkloster • Besichtigung nur mit Führung April–Okt. Mo–Fr 16 Uhr

Nordpark/Nordbad   nordwestl. A 1

Die größte Parkanlage der Stadt liegt im Norden Erfurts. Sie wurde Anfang des 20. Jh. geplant, der Lauf der Gera wurde extra für das Vorhaben verlegt. Heute ist nicht nur die Grünfläche mit ihren breiten Alleen beliebtes Terrain zum Joggen und für Kinder zum Toben. Nebenan im Nordbad, dem größten Freibad der Stadt, treffen sich Schwimmer und solche, die es einmal werden wollen. Immerhin misst das Sportbecken 50 m. Rutschen und Planschbecken erfreuen die Kleinen.

Andreasvorstadt • Im Nordpark 1 • Tram: Baumerstraße • Eintritt Schwimmbad 4,20 €, erm. 3,60 €, Kinder 2,90 € • tgl. 10–20 Uhr, in der Hauptsaison länger

Paulsturm
▸ Klappe vorne, c 4

Gegenüber der Predigerkirche findet sich ein weiteres Gebäude mit sakraler Geschichte: Der Paulsturm gehörte ehemals zur Paulskirche, die schon 1181 urkundlich erwähnt wurde. Wie bei so einigen Gotteshäusern der Stadt besiegelte auch hier die Reformation ihr Schicksal. Nach der Spaltung der Konfessionen wurde sie wenig genutzt, zudem lag sie direkt gegenüber der viel besuchten Predigergemeinde. Nach einem schweren Brand im Jahr 1736 wurde die Kirche abgerissen. Der Turm aber blieb unversehrt und fungierte als Glockenturm für die Predigerkirche. Heute befindet sich darin eine Begegnungsstätte.
Altstadt • Paulstr. 11 • Tram: Fischmarkt/Rathaus

⭐9 Predigerkirche
▸ Klappe vorne, c 4–d 4

Sie gehört zu den großen Schätzen der Erfurter Sakralbauten: Die evangelische Predigerkirche wird heute als Höhepunkt der Bettelordensarchitektur betrachtet. Dominikanermönche ließen sie als dreischiffige kreuzrippengewölbte Basilika im 13. Jh. erbauen. Die Lichtöffnungen im Deckengewölbe lassen den Innenraum nach oben aufstrebend und sehr klar und hell erscheinen. An der linken Seite der Kirche befindet sich eine besondere Tür. Sie ist eine Erinnerung an den Theologen Meister Eckhart, der im 14. Jh. in dem angeschlossenen Kloster lebte und in der Kirche seine Reden der Unterweisung hielt. Einen Blick wert sind neben dem Chorgestühl die Bruchsteinfenster sowie die Orgel, auf der im 17. Jh. schon der Komponist und Organist Johann Pachelbel gespielt hat.

Altstadt • Predigerstr. 4 • Tram: Fischmarkt/Rathaus • www.prediger kirche.de • April–Okt. Di–Sa 11–16, So 12–16 Uhr

Predigerwiese   ▶ Klappe vorne, d 4

Ein versteckter Mini-Park, direkt hinter der Neuen Mühle, lockt zur kleinen Pause bei Stadtbesichtigungen. Die Predigerwiese ist der perfekte Stopp für ein Picknick oder um mal schnell ein paar Sonnenstrahlen einzufangen. Ein kurzer Fußweg verbindet den Park mit dem Ratsgymnasium und bietet die Gelegenheit zu einem herrlichen Spaziergang am Ufer des rauschenden Breitstroms.

Altstadt • zwischen Schlösserstr. und Meister-Eckehart-Str. • Tram: Anger

Radrennbahn Andreasried

🏛 nordwestl. A 1

Das 250 m lange Betonwerk soll etwas Besonderes sein? Ja, es ist die älteste Radrennbahn der Welt, die heute noch für Wettbewerbe genutzt wird. Schon 1885 maßen sich an dieser Stelle Rennradfahrer auf einer Sandbahn. Wenn heute unter den weißen Dächern Rennen wie die Thüringen-Rundfahrt ausgetragen werden, sind die Ränge mit 3000 Zuschauern voll besetzt. 2006 ist die Radrennbahn Andreasried komplett umgebaut worden.

Andreasvorstadt • Riethstr. 29 • Tram: Riethstraße • www.radrennbahn-andreasried.de

Rathaus mit Fischmarkt

▶ Klappe vorne, d 3

Im Stil der Neugotik erstrahlt das Erfurter Rathaus am Fischmarkt. Der Bau stammt aus dem Jahr 1869, als das Rathaus neu aufgebaut wurde. Das politische Zentrum der Stadt befindet sich schon seit dem 11. Jh. an diesem Platz. Bemerkenswert ist die von Granitsäulen flankierte Halle mit ihrer breiten Steintreppe. Im öffentlich zugänglichen Treppenhaus finden sich historische Gemälde von Eduard Kaempffer. Der untere Abschnitt zeigt Szenen aus dem »Tannhäuser« und dem »Faust«, weiter oben halten Gemälde Szenen von Luthers Aufenthalt in Erfurt fest. Rund um das Rathaus erstreckt sich der Fischmarkt ⭐, ein schöner Platz mit imposanten Patrizierhäusern aus der Renaissance.

Altstadt • Fischmarkt 1 • Tram: Fischmarkt/Rathaus • Mo, Di, Do 8–18, Fr 8–14, Sa, So 10–17 Uhr • Eintritt frei

Reglerkirche   ▶ Klappe vorne, f 5

Mit ihren zwei verschiedenen Türmen wirkt sie ein wenig wie zusammengestückelt. Und das ist die Reglerkirche auch, denn einst hatte sie zwei gleiche Türme. Doch einer wurde baufällig und im 18. Jh durch ein Modell ersetzt, das damals modern war. Während der eine Turm an die romanische Bauzeit des Gebetshauses erinnert, spiegelt der andere so die Barockzeit in Erfurt wider. Nicht nur von außen ist die Kirche sehenswert. In ihrem Inneren findet sich ein wertvoller Flügelaltar. In dem restaurierten Kreuzgang hat die Glaskünstlerin Susanne Precht Sprüche aus der Bibliotheca Amploniana verewigt.

Altstadt • Bahnhofstr. • Tram: Anger

Sackpfeifenmühle ▶ Klappe vorne, c 5

Sechs Wassermühlen brachten im Mittelalter das Wasser am Bergstrom zum Rauschen. An der Sackpfeifenmühle dreht sich zwar kein Mühlrad mehr, aber der Bau ist einer der wenigen, der noch erhalten geblieben ist. Seine erste urkundliche Erwähnung stammt aus dem Jahr 1293, doch das damalige Gebäude fiel einem Brand zum Opfer. 1738 wurde es in seiner heutigen Form wiederaufgebaut. Besonderheiten sind der Mittelstrebepfeiler sowie der vorspringende Mittelgiebel. Warum das Gebäude den Namen trägt, ist unklar. Wahrscheinlich war hier einst ein norddeutscher Müller tätig, in dessen Heimat ein Teil der Mühle Sackpfeife geheißen hat. Heute befinden sich ein Restaurant und eine Pension in dem Gebäude.
Altstadt • Lange Brücke 53 • Tram: Dom

Sankt-Severi-Kirche

▶ Klappe vorne, b 4

Mit ihren drei spitzen Türmen bildet die gotische Kirche einen schlanken Kontrast zum mächtigen Dombau gegenüber. Sie wurde im 13. Jh. geweiht und nach dem großen Brand 1472 umfassend erneuert. Heute beeindruckt sie vor allem mit ihrem riesigen Walmdach. Sie ist eine der wenigen fünfschiffigen gotischen Hallenkirchen in Deutschland. Neben dem hellen hohen Raumeindruck im Inneren sind insbesondere die Steinmetzarbeiten am Severi-Sarkophag sehenswert – sie gehören zu den großen Zeugnissen deutscher Plastik des 14. Jh. Nicht versäumen sollte man auch den Taufstein. In den Kirchtürmen hängen Glocken aus dem 15. Jh. – geschaffen von Gerhard van Wou, dem Gießer der berühmten Maria-Gloriosa-Glocke im Mariendom.

Steherrennen auf der halboffenen Radrennbahn Andreasried (▶ S. 78). Die Tribünen und die Bahn dieser traditionsreichen Sportstätte sind überdacht.

Seine Glanzzeit hatte Schloss Molsdorf (▸ S. 80), das »Thüringer Versailles«, in der ersten Hälfte des 18. Jh. Eine Führung vermittelt einen Eindruck vom Stil dieser Zeit.

Altstadt • Domstufen 1 • Tram: Domplatz • Mai–Okt. Mo–Sa 9.30–18, So 13–18, Nov.–April Mo–Sa 9.30–17, So 13–17 Uhr • Eintritt frei

Schlösserbrücke   ▸ Klappe vorne, d 4

Zwischen dem Fischmarkt und dem Anger spannt sich diese Brücke über die Gera. Bis ins 18. Jh. hinein hatte hier eine Holzbrücke den Weg über den Fluss frei gemacht. Nach dem großen Stadtbrand im Jahr 1736 errichteten die Erfurter dann jedoch einen Natursteinbau. Doch Kriege und das Wetter machten dem Bauwerk bald den Garaus. Heute ist die Schlösserbrücke eine Betonkonstruktion, die mit Kalkbruchsteinen verkleidet ist. Von der Brücke aus hat man einen schönen Blick auf die Gera.

Altstadt • Schlösserstr. • Tram: Fischmarkt/Rathaus

Schloss Molsdorf   südwestl. A 6

Am Stadtrand von Erfurt liegt eines der schönsten Barockschlösser Thüringens. Mit dem Bau aus dem Jahr 1733 erfüllte sich Reichsgraf Gustav Adolf von Gotter einen Lebenstraum. Eigentlich war es eine alte Ritterburg, die er erstanden hatte. Doch der Graf geizte nicht und ließ sie umfassend umbauen. Ganz im zeitgenössischen Stil wurde aus dem mittelalterlichen Bau, der sich zwischenzeitlich schon in ein Renaissancegebäude verwandelt hatte, nun ein barockes Schlösschen. Heute leuchtet es mit seiner gelben Fassade. Doch der neue Hausherr übertrieb es ein wenig mit seiner Ausgabelust, er bestellte die besten Handwerker und Gartenplaner und lud zu ausschweifenden Festen. Eine verborgene Wendeltreppe verbindet das Schlafzimmer mit dem Weinkeller. Das Bad ziert grün geäderter Marmor. Der Stuck in den Zimmern kam von den besten Künstlern. Kein Wunder, dass das Geld bald knapp wurde. Im Laufe der Jahre verfiel das Schloss mehr und mehr. Im Zweiten Weltkrieg wurde es zur Unterkunft für Umsiedler und später als Kinderheim genutzt. Inzwischen war es so baufällig, dass der Abriss schon fast beschlossen war. Heute ist das Haus fester Bestandteil der Stiftung Thüringer Schlösser und Gärten. Teil des Gesamtkonzeptes ist der aufwendig französisch gestaltete Garten. Mit den Alleen, Kübelpflanzen, Steinmauern und künstlichen Kanälen ist er ein Erlebnis und Zeugnis barocker Thüringer Gartenkunst.

Molsdorf • Schlossplatz 6 • Tram: Molsdorf • www.molsdorf.de • Di–So 10–18 Uhr • Eintritt 6 €, erm. 4 €

Schottenkirche

▶ Klappe vorne, e 2

Als eine romanische Kirche mit gotischen Elementen präsentiert sich die Schottenkirche in der Innenstadt. Die dreischiffige Basilika stammt aus dem Jahr 1136 und war als Klosterkirche eine »Außenstelle« des Regensburger Schottenklosters. Daher hat sie auch ihren Namen. Das ehemalige Kloster wurde allerdings Anfang des 19. Jh. säkularisiert, nur die Kirche blieb erhalten. Immer wieder wurde sie im Laufe der Zeit erneuert, so bekam sie 1727 etwa eine barocke Westfassade, und der Turm wurde mit einer neuen Haube versehen. Doch die groß angelegte romanische Basilika ist trotz der vielen Umbaumaßnahmen immer noch deutlich zu erkennen. Heute gehört die Kirche zur Lorenzgemeinde.

Altstadt • Schottenstr. 11 • Tram: Anger

Sibyllentürmchen

▶ westl. A 5

Am Eingang zur ega am Gothaer Platz steht ein gedrungenes Türmchen ganz einsam. Es erinnert an den alten Handelsweg, die Via Regia. Das Sibyllentürmchen stammt aus dem 14. Jh. und ist im gotischen Stil erbaut. Der thüringische Sagensammler Ludwig Bechstein hat seine eigene Deutung veröffentlicht, warum es eben an dieser Stelle steht. So soll es an den hier erschlagenen Bräutigam der Gräfin Sibylle von Käfernburg erinnern. Sie hat das Sibyllentürmchen als Sühnezeichen für ihn errichten lassen, heißt es in Bechsteins Aufzeichnungen. Wahrscheinlicher aber ist die Theorie, dass es den Reisenden, die auf der Via Regia unterwegs waren, Gelegenheit zur Andacht geben sollte. Zu sehen sind im Inneren Szenen aus dem Leidensweg Christi.

Brühlervorstadt • Gothaer Str. 38 • Tram: ega

Sparkasse am Fischmarkt

▶ Klappe vorne, d 3

Der Geiz hockt personifiziert als Steinfigur an der Fassade des Hauses aus dem Jahr 1934. Es ist im Stil der Neuen Sachlichkeit gehalten und stellt an der Giebelwand sechs Laster dar, u.a. auch Völlerei, Neid und Faulheit. Künstler wie Hans Walther und Luise Klempt gestalteten die Fassade.

Altstadt • Fischmarkt 1 • Tram: Fischmarkt

Steigerwald

▶ südl. A 6

Die Erfurter nennen ihn nur kurz »Steiger« – der Höhenzug ist ihr Naherholungsgebiet und Ausflugsziel. Er ist immerhin 700 ha groß und wird von 36 Wanderwegen durchzo-

gen, darunter ist auch einer für Menschen mit körperlichen Beeinträchtigungen. Dieser beginnt am Ostrand des Erfurter Steigerwalds, nahe der Gaststätte Waldkasino, und verläuft über ungefähr 1,4 km. Nicht bewegungseingeschränkte Wanderer gehen am liebsten auf dem Bachstelzenweg. Er startet im Luisenpark, führt entlang der drei Quellen und des Kurhauses und verläuft direkt an der Gera bis hin zum Bachstelzen-Café am Hamburger Berg.
Barrierefreier Wanderweg: Löbervorstadt • Am Waldkasino 2 • Bus: Am Waldkasino

Thomaskirche   📖 B 5

72 m hoch ist er – der Turm der Thomaskirche ist der zweithöchste Kirchturm der Stadt. Das Gebäude im neugotischen Stil ersetzt die alte Thomaskirche aus dem 13./14. Jh., die weichen musste, weil sie die stark wachsende Gemeinde nicht mehr aufnehmen konnte. Das neue Gebäude wurde 1902 geweiht und kann 1100 Besucher aufnehmen. Ein Sakramentshäuschen und ein Altarretabel wurden aus der alten Kirche übertragen. Im Zweiten Weltkrieg wurde die Kirche von den Alliierten stark zerstört, aber schon 1950 weihten die Erfurter sie wieder ein; die farbigen Glasfenster folgten 1956. Am Südportal sind noch die Einschläge der Bomben zu erkennen.
Löbervorstadt • Puschkinstr. 11a • Tram: Puschkinstraße • www.thomasgemeinde-erfurt.de

Thüringer Staatskanzlei (ehemalige Kurmainzische Statthalterei)
▶ Klappe vorne, d 5

In den Jahren von 1664 bis 1802 war Erfurt dem Bistum Mainz zugeordnet. Ein Zeugnis dieser Herrschaft ist mit der ehemaligen Kurmainzischen Statthalterei heute noch erhalten. Das Ensemble wurde zwischen 1711 und 1720 als barockes Palais errichtet. Wo heute die thüringische Staatskanzlei residiert, hat sich einst auch Goethe aufgehalten und in der Regierungsstraße 72 übernachtet. Der Dichter hatte in der Statthalterei außerdem 1808 eine Audienz bei Napoleon.
Altstadt • Regierungsstr. 73 • Tram: Angerbrunnen

Universität

Die Experten sind sich uneins: Ist die Erfurter Universität die älteste Deutschlands oder nur die drittälteste? Bereits im Jahr 1379 unterzeichnete Papst Clemens VII. eine Stiftungsurkunde. Da dieser jedoch nur der Gegenpapst von Papst Urban VI. war, begannen die Erfurter erst ihre Universität zu bauen, als auch Urban 1389 eine solche Urkunde unterzeichnete. Das Gebäude entstand nun gegenüber der Michaeliskirche und wurde schnell zur beliebtesten Universität Deutschlands, da sie bislang als einzige Philosophie, Medizin, Recht und Theologie unter einem Dach vereinte.
Im Jahr 1816 wurde die Kleinstuniversität geschlossen und erst 1994 wieder neu gegründet. Das Hauptgebäude der historischen Universität, das Collegium Maius, wurde im Zweiten Weltkrieg zerstört und erst nach der Wiedervereinigung wieder aufgebaut. Heute ist es Sitz der Evangelischen Kirche in Mitteldeutschland. Rund um die Michaelisstraße erinnern viele Bauten an die studentischen Bewohner, etwa die Studentenburse, ein ehemaliges Wohnheim

Der neue Angerbrunnen (▸ S. 54) ist ein beliebter Platz, um bei der Besichtigungs-
tour eine Pause zu machen. Im Hintergrund das Ursulinenkloster (▸ S. 83).

für mittellose Studierende am Kreuz-
sand 10. Das neue Universitätsge-
lände befindet sich in der Nordhäuser Straße.
– Universität: Altstadt • Michaelisstr. 39 • Tram: Fischmarkt/Rathaus
▸ Klappe vorne, c 2
– Neue Universität: Andreasvorstadt • Nordhäuser Str. 63 • Tram:
Universität   nördl. A 1
www.uni-erfurt.de

Ursulinenkloster   ▸ Klappe vorne, f 4
Direkt am quirligen Anger befindet
sich eine Stätte der Zuflucht und der
Besinnung: Das Ursulinenkloster ist
das einzige noch bestehende Kloster
in Erfurt. Gegründet wurde es um
das Jahr 1136, die heutige Klosterkirche im 13. Jh. errichtet. In dem 300
Jahre alten Natursteingebäude mit
der spitzbogigen Tür bieten Nonnen
Gesprächsrunden an. Die kleine Ka-

pelle ist eine grüne Oase der Stille
gleich neben dem geschäftigen Treiben in Erfurts Zentrum.
Altstadt • Anger 5 • Tram: Anger •
Klosterkirche Mo–Fr 10.30–11.30,
14.30–15.30 Uhr

Villa Festge   westl. A 5
Als Hoffotograf und Unternehmer
leistete sich Karl Festge nach Plänen
von Eduard Kayser 1899 einen eigenen Prachtbau und errichtete die
Villa Festge. Sie sticht mit ihrem im
Historismus errichteten Türmchen
und Verzierungen stark aus den umliegenden Gebäuden der Brühler
Vorstadt heraus und zeigt den Reichtum einiger Bürger im wilhelmini-
schen Kaiserreich. Die Cyriakstraße
gehörte damals zu den mondänsten
Adressen Erfurts. Nach der Enteig-
nung durch die Sowjets 1946 befindet sich heute eine Galerie in dem

Blick auf die kanalisierte Wilde Gera in Venedig (▶ MERIAN Tipp, S. 17).

Haus, ab und zu finden zudem literarische Lesungen statt.
Brühlervorstadt • Cyriakstr. 39 • Tram: ega

Wenigemarkt ▶ Klappe vorne, d 3
Am östlichen Ende der Krämerbrücke mündet der Weg in einen kleinen Marktplatz. Er strahlt eine ganz besondere Atmosphäre aus mit dem Turm der Ägidienkirche und dem plätschernden Brunnen mit der Statue »Raufende Knaben«. Der Wenigemarkt ist bei Touristen und Einheimischen ein sehr beliebter Treffpunkt mit seinen Restaurants und Cafés, den Schatten spendenden Bäumen sowie dem mittelalterlichen Weihnachtsmarkt im Winter. Als Marktplatz wurde er erstmals 1217 erwähnt, stand aber immer im Schatten des bedeutsameren Domplatzes, und deswegen wurde hier auch nicht mit

exotischen Waren gehandelt, sondern mit Getreide und heimischen Gütern. Daher kommt wohl auch sein Name.
Altstadt • Wenigemarkt • Tram: Anger

Wigbertikirche ▶ Klappe vorne, d 5
Der katholische Kirchenbau steht an der Regierungsstraße. Bereits im 10. Jh. gab es an dieser Stelle eine Pfarrei, geweiht wurde die heutige Kirche im Jahr 1473. St. Wigbert war zwischen Protestanten und Katholiken heftig umstritten, ist aber seit 1606 katholisch. Nur die Schweden haben das Gotteshaus als protestantische Kirche genutzt, als sie Erfurt während des Dreißigjährigen Krieges besetzten. Später diente der Bau für die katholischen Kurmainzer Statthalter als Hof- und Begräbniskirche, ihr Hauptsitz lag ja gleich nebenan. 2004 wurde St. Wigbert restauriert und erstrahlt in neuem Glanz. Seitdem ist auch der angrenzende Luftschutzkeller für die Öffentlichkeit als kleines Museum hergerichtet.
Altstadt • Regierungsstr. 74 • Tram: Anger • www.crucis-wigbert.de

Wochenmarkt ▶ Klappe vorne, b 4
Erfurts Domplatz gilt als der größte Marktplatz Deutschlands. Besonders schön ist ein Besuch zur Marktzeit am Vormittag. Steinpilze aus den Thüringer Wäldern, Blaubeeren und Johannisbeeren aus den Gärten oder Kräuter von den Feldern – wer Erfurts Erntesegen kennenlernen will, besucht den Wochenmarkt. Besonders hübsch sind die kleinen gebundenen Blumensträuße. Die Marktstände bieten immer frische Köstlichkeiten, die vorwiegend aus der Region kommen. In der Ad-

ventszeit findet vor der Kulisse von Dom und Sankt-Severi-Kirche einer der schönsten Weihnachtsmärkte des Landes statt.

Altstadt • Domplatz • Tram: Dom • Mo–Sa, 7–14 Uhr

Zitadelle Petersberg

▶ Klappe vorne, a 2–3

Im Gegensatz zu anderen Städten stammt Erfurts Festung nicht aus dem Mittelalter, sondern wurde im Barock errichtet. 1665 ließ der Mainzer Kurfürst und Erzbischof Johann Philipp von Schönborn die Zitadelle als Zwingburg erbauen.

Entstanden ist ein beeindruckendes Ensemble von Bauwerken. Auf dem 12 ha großen Areal finden sich nicht nur Bastionen, Vorbefestigungen und Minengänge, sondern auch ein Friedenspulvermagazin sowie eine Festungsbäckerei. In der Peterskirche wurde auch Geschichte geschrieben. Hier unterwarf sich Heinrich der Löwe im Jahr 1181 auf dem Reichstag von Erfurt Kaiser Friedrich Barbarossa. Von dem Kloster, das die Kirche in früherer Zeit umgab, blieb nur die dreischiffige romanische Basilika St. Peter und Paul erhalten. Dort stehen heute moderne Kunstausstellungen auf dem Programm.

Erst seit den 1990er-Jahren wird die Zitadelle Petersberg als Denkmal gepflegt. Alte Traditionen werden wiederbelebt, der alte Weinberg oder die Festungsbäckerei zeugen davon. Zu den Höhepunkten der Besichtigung des Petersbergs zählt eine Fackelwanderung durch die ehemaligen Minengänge. Schauen Sie unbedingt in die Militärhistorische Ausstellung am Eingang, und bestaunen Sie die Türklingel! Neben dieser mittelalterlichen Klingel sind dort alte Uniformen, Kanonenkugeln, Feldbetten und Waffen zu besichtigen.

Altstadt • Petersberg • Tram: Domplatz • Infostelle: Tel. 03 61/6 01 53 84 • 16. April–Okt. tgl. 11–18.30, Nov., Dez. tgl. 11–16 Uhr • Führungen über Erfurt-Tourismus

MERIAN Tipp

VENEDIG ▶ Klappe vorne, b/c 1

Gleich hinter der Krämerbrücke wird Erfurt grün: Dort liegt Venedig als kleine Insel in den Gera-Armen und erinnert mit seinen blühenden Gärten und Wassermühlen an eine dörfliche Idylle. ▶ S. 17

Zoopark

nördl. B 1

Rund 3000 Tiere wohnen im Norden Erfurts, darunter auch Löwen, Antilopen, Kamele, Kängurus oder Elefanten. Der Thüringer Zoopark zählt zu den größten Deutschlands – jedenfalls, wenn man seine Fläche misst. Immerhin erstreckt er sich über 63 ha. Ein Teil des Geländes ist zugleich ein besonderes Naturdenkmal, denn hier dehnen sich seltene Trockenrasenflächen aus. Dazwischen sind immer wieder Anlagen, die der natürlichen Umgebung der Tiere nachempfunden sind, wie etwa der Berberaffenberg oder eine Lagune für die Rosaflamingos. Besonders beeindruckend ist die Fütterung der Geparden. Das schnellste Landsäugetier muss richtig beschleunigen, um an sein Futter zu kommen.

Zooviertel • Tram: Zoopark • www. zoopark-erfurt.de • März–Okt. tgl. 9–18, Nov.–Feb. 9–16 Uhr • Eintritt 9,50 €, erm. 7 €

Museen und Galerien

Entdecken Sie eine Arche Noah mit fliehenden Wanderratten, eine Mühle, die noch Strom erzeugt, oder das einzig erhaltene Wandgemälde des Expressionismus.

◄ In der kunsthandwerklichen Abteilung des Angermuseums (▸ S. 88) ist auch wertvolles altes Porzellan zu bestaunen.

Erfurts Museumslandschaft ist vielfältig – gezeigt werden nicht nur ein echter Schatz in der Synagoge, sondern auch Kunstwerke aus den verschiedenen Epochen, etwa mittelalterliche Kunst oder das letzte erhaltene Wandgemälde des Expressionismus. Martin Luthers Leben und Wirken in der Stadt präsentiert eine Ausstellung im Augustinerkloster, und sogar mit dem Bauhaus ist Erfurt verknüpft. Hier wirkte die Weberin Margaretha Reichardt.

Faszinierende Fronten

Wie viele Häuser der Stadt, zeichnen sich auch einige Museen durch ihre besonders schönen Fassaden aus, etwa das Angermuseum mit seiner reich verzierten Front. An der Kunsthalle, dem Haus zum Roten Ochsen, beeindrucken die plastischen Planetengötter im Fries. Das Stadtmuseum überrascht mit seiner schachbrettartigen Fassade. Das Deutsche Gartenbaumuseum wiederum logiert in einer alten Burg und besticht mit seiner Mischung aus modernem Interieur und mittelalterlichen Mauern. So ist der Museumsbesuch in Erfurt auch oft ein Augenschmaus. Und er muss nicht teuer sein. Wer in die Museen gehen und Geld sparen möchte, sollte sich den ersten Dienstag im Monat aussuchen, dann ist der Eintritt dort kostenlos. Kinder bis sechs Jahre zahlen in den Museen der Landeshauptstadt generell nichts, und 1 Std. vor Schließung lassen viele Häuser ihre Gäste ebenfalls gratis hinein. Wer sich nicht auf den Dienstag festlegen will, erwirbt die ErfurtCard (▸ S. 119).

MUSEEN

2 **Alte Synagoge**   ▸ Klappe vorne, d 3

Ein ganz außergewöhnliches Museum ist in dem fast 1000 Jahre alten Gebäude entstanden. Es ist die älteste noch erhaltene Synagoge Europas. Bis Mitte des 14. Jh. fungierte sie als Zentrum des regen jüdischen Lebens in Erfurt. Doch damit war nach einem Pogrom und Massenausschreitungen gegen jüdische Einwohner im Jahre 1349 plötzlich Schluss. Das Gebäude wurde umfunktioniert zum Kornspeicher und später zum Gasthaus. Deswegen erkannten auch die Nationalsozialisten wohl die Synagoge nicht als solche – und das Gebäude überstand die Nazidiktatur.

Erst nach der Wiedervereinigung stellten Denkmalpfleger den historischen Wert des Hauses fest. Maßnahmen zur Rettung des einsturzgefährdeten Gebäudes begannen. Dabei wurde dann im Jahre 1998 eine Sensation geborgen – einer der umfangreichsten Judenschätze Mitteleuropas. Die mehr als 3000 Silbermünzen, Barren, Ketten, goldenen Broschen und Ringe hatte wohl ein Bankier schnell vergraben, als er 1349 vor dem Pogrom flüchtete. Herzstück des 28 kg schweren Fundes ist ein goldener Hochzeitsring, von dessen Art insgesamt nur drei bekannt sind. Gemeinsam mit den anderen Fundstücken ist er Teil der Ausstellung in der Alten Synagoge. Zudem werden in dem Gebäude auch die Bau- und Sanierungsgeschichte gezeigt. Die Spuren jüdischen Lebens in Erfurt nimmt das Museum ebenfalls auf und zeigt beispielsweise alte Grabsteine, die verscharrt worden waren und bei Bauarbeiten gefunden wurden.

Altstadt • Waagegasse 8 • Tram: Fischmarkt/Rathaus • www.alte-synagoge.erfurt.de • Di–So 10–18 Uhr • Eintritt 8 €, erm. 5 €

Angermuseum   ▸ Klappe vorne, e 5

Als kurmainzischer Pack- und Waa-gehof wurde dieses sonnenblumen-gelbe Gebäude Anfang des 18. Jh. erbaut. Seine Fassade ist durch viele Pilaster gegliedert. Diese Verblend-pfeiler sind mit einzelnen Schmuck-einfassungen verziert. Ein Blick zum Giebeldreieck lohnt sich, dort findet sich ein steinernes Bildnis des Schutzheiligen der Stadt, des heili-gen Martin. Ihn säumen die vier personifizierten Kardinaltugenden: Justitia, Charitas, Prudentia und Vi-gilantia (Gerechtigkeit, Güte, Weis-heit und Tapferkeit). Seit 1886 ist das Gebäude ein Museum. Die dort ge-zeigte mittelalterliche Kunst baut auf der Sammlung von Friedrich Nerly dem Älteren auf.

Altstadt • Anger 18 • Tram: Anger • www.angermuseum.de • Di–So 10–18 Uhr • Eintritt 6 €, Kinder 4 €

DDR-Museum   westl. A 4

Mit einer Sammlung von Etiketten hat alles angefangen – mittlerweile hat sich bei Gisela Bruchner eine stattliche Sammlung typischer DDR-Alltagswaren eingefunden. Postkar-ten, Quittungen, Schilder, Verpa-ckungen von Putzmitteln – das Sortiment ist groß und lässt die Erin-nerungen wieder aufleben. Die Er-furterin baut sich gerade Stück für Stück ein eigenes Museum auf. Altstadt • Heinrichstr. 94 • Tram: Go-thaer Platz • Mi, Do 10–18, Sa, So 13–18 Uhr

Deutsches Gartenbaumuseum

▸ S. 100

Eine Erlebniswelt rund um das Pflanzenreich erwartet den Besu-cher im Gartenbaumuseum. Wäh-

Das Deutsche Gartenbaumuseum (▸ S. 88) im historischen Gebäude der Cyriaksburg (▸ S. 59) gewährt tiefe Einblicke in die Welt der Pflanzen.

rend die Rosenrabatten in den Innenräumen der Cyriaksburg duften,
findet sich in den Vitrinen der alten
Burg eine einmalige Sammlung
künstlerischer Äpfel – das Sortenkabi-
nett zeigt nicht nur Cox Orange und
Co., sondern auch Augapfel und
Zankapfel. Auf keinen Fall versäumen sollte man einen Streifzug
durch die alten Gänge zum unterir-
dischen Festungsbrunnen.
Brühlervorstadt • Gothaer Str. 50 •
Tram: ega • www.gartenbaumuseum.
de • März–Okt. Di–So, Juli–Sept. tgl.
10–18 Uhr, Nov.–Feb. nach Vereinbarung • mit egapark-Karte Eintritt frei

Druckereimuseum
Benaryspeicher ⚥  westl. A 4
In der Sammlung der Druckmaschi-
nen in einem ehemaligen Speicher
können Besucher an der Kniehebel-
presse ihre eigenen Drucke herstel-
len (nach Voranmeldung). Im Obergeschoss sind Alltagsobjekte aus der
Südsee zu sehen, die aus dem Museum für Volkskunde stammen, sowie thüringisches Porzellan, da das
Haus zum Stadtmuseum gehört.
Unbedingt anschauen: den original
Sackaufzug im Haus.
Altstadt • Brühler Str. 37 • Tram: Spar-
kassen-Finanzzentrum • Besuch nur
auf Anfrage möglich • Eintritt 3 €,
Kinder 2 €

Haus der Stiftungen
▶ Klappe vorne, d 3
Wer sich über Geschichte und Ge-
genwart der Krämerbrücke infor-
mieren will, sollte einen Besuch im
Haus der Stiftungen machen. Dauer-
ausstellung mit einem Modell der
Brücke im Maßstab 1:100.
Altstadt • Krämerbrücke 31 • Tram:
Fischmarkt/Rathaus • tgl. 10–18 Uhr

Kunsthalle Erfurt
▶ Klappe vorne, c 3
Das historische Haus beherbergt
eine Wechselausstellung mit Werken
der modernen Kunst: Zeichnungen,
Malerei, Drucke und Fotografie.
Altstadt • Fischmarkt 7 • Tram: Fisch-
markt/Rathaus • www.kunsthalle-
erfurt.de • bis Herbst 2016 wegen
Umbaus geschlossen

⑩ ⭐ MERIAN Tipp

FORUM KONKRETE KUNST
Klappe vorne, a 3
In der ehemaligen Klosterkirche
St. Peter und Paul ist heute konkrete
konstruktive Kunst zu bewundern:
Installationen, Malerei, Objekte. Ein
beeindruckender Gegensatz zu dem
alten Gemäuer. ▶ S. 17

Luftschutzkeller
▶ Klappe vorne, d 5
Nahe bei der Wigbertikirche steht
ein kleines Museum – ein alter Luftschutzkeller ist dort zu besichtigen.
Er wurde 2005 wieder in seinen Ori-
ginalzustand versetzt und als einer
der wenigen alten Schutzräume in
Deutschland in ein Museum umge-
wandelt. Der Keller macht die Not
der Menschen im Krieg sehr deutlich. Vor allem, wenn der Besucher
nicht nur die Enge, sondern auch die
hygienische Situation erfasst. Ein
Holzverschlag mit Donnerbalken
und Eimern diente als »Notabort«.
Altstadt • Anger • Tram: Anger • www.
stadtmuseum-erfurt.de • geöffnet
nach Voranmeldung • Eintritt frei

Margaretha-Reichardt-Haus
 südwestl. A 6
Es ist ein eher recht unauffälliges,
weiß verputztes Siedlungshaus. Hier

wohnte die Bauhauskünstlerin Margaretha Reichardt und hat ihre Webkunstwerke hergestellt. Das historische Wohnhaus hat die Künstlerin einst selbst umgestaltet. Es ist in ihrem Stil erhalten und gehört heute zum Angermuseum. Reichardt hat in Dessau studiert, kehrte aber 1933 nach Erfurt zurück und gründete die Handweberei Grete Reichardt. Ihre Arbeiten wurden 1937 auf der Weltausstellung in Paris ausgestellt. Reichardts Gobelins sind in dem Haus ebenso zu sehen wie die alten Webstühle und die Bücher der Künstlerin. Wer sich voranmeldet, bekommt im Museum auch die Kunst des Handwebens gezeigt. Dazu wird an den Webstühlen gearbeitet, an denen die Bauhauskünstlerin einst saß.

Bischleben • Am Kirchberg 32 • Bus: Am Kirchberg • www.angermuseum. de • Öffnungszeiten nach Voranmeldung unter Tel. 03 61/79 68 72 • Eintritt 6 €, Kinder 4 €

Mikwe   ▶ Klappe vorne, c 3

Ein rituelles Bad gehörte zum jüdischen Leben des Mittelalters dazu. Doch diese Mikwe, wie das Badehaus auch heißt, war lange unentdeckt geblieben. Erst 2007 hatte man sie als historischen Ort identifiziert und wiedererrichtet. Hier haben die Juden sich nach Kontakt mit Toten, Blut oder nach Geburten gereinigt. Die angrenzende Gera speiste das Badehaus mit Wasser.

Altstadt • Krämerbrücke • Tram: Fischmarkt, Rathaus • Besichtigungen sind nur mit Führungen möglich • Eintritt 10 €, erm. 9 €

Militärhistorische Sammlung
▶ Klappe vorne, a 4

Die Tür knarzt, die Schritte hallen in den dunklen Räumen mit den di-

Das Museum Neue Mühle (▶ S. 91) zeigt die Bedeutung des Wassers und der Mühlen für Erfurt. Das Schaufelrad ist das einzige in der Stadt, das noch erhalten geblieben ist.

cken Mauern und den kleinen Fenstern. Die militärhistorische Sammlung der Zitadelle auf dem Petersberg ist ein kleines Museum für kleine und große Ritterfreunde. Hier werden neben Morgensternen auch echte Kanonen und Gewehre gezeigt, zudem die einst prächtigen Uniformen der Soldaten. Eine kleine, aber feine Sammlung. Eindrucksvoll ist sie zur Funzelführung, die jeden Fr und Sa um 19 Uhr startet und 9 €, erm. 5 € Eintritt kostet. Altstadt • Petersberg • Tram: Dom • 16. April–Okt. tgl. 11–18.30, Nov., Dez. tgl. 11–16 Uhr

Museum für Thüringer Volkskunde
> ▸ Klappe vorne, e 1

Besucher erleben das Dorfleben vor rund 200 Jahren mit ausgestellten Schlafzimmern, Spielzeug oder Küchenutensilien und staunen über die Vielfalt an Thüringer Trachten. Unbedingt ausprobieren sollte man den Jahrhundertschrank: 101 Schubladen mit Hörstücken oder Fotos zu den Ereignissen des Jahres. Altstadt • Juri-Gagarin-Ring 140a • Tram: Krämpfertor • www.volks kundemuseum-erfurt.de • Di–So 10–18 Uhr • Eintritt 6 €, Kinder 4 €

Museum Neue Mühle
> ▸ Klappe vorne, d 4

Die letzte verbliebene Mühle Erfurts birgt heute ein Museum. Hier wird nicht nur zum Deutschen Mühlentag Korn geschrotet, die Anlage gewinnt auch ihre Energie zum Eigenbedarf selbst. Eindrucksvoll ist der Blick auf das rotierende Wasserrad. Altstadt • Schlösserstr. 25a • Tram: Fischmarkt/Rathaus • Einlass nur mit der stdl. Führung, Di–So 10–18 Uhr • Eintritt 6 €, Kinder 4 €

Naturkundemuseum 👨‍👧
> ▸ Klappe vorne, c 4

Eine richtige Arche Noah zeigt uns das Naturkundemuseum. In einem Schiffsrumpf wurden Löwe, Giraffe oder auch Wanderratte täuschend echt präpariert. Gleich neben der Arche findet sich eine große Mineraliensammlung. Zu den Höhepunkten des Museums aber zählt die Eiche, die durch die vier Etagen ragt. Es werden spezielle Kinderführungen angeboten. Altstadt • Große Arche 14 • Tram: Domplatz • www.naturkunde museum-erfurt.de • Di–So 10–18 Uhr • Eintritt 6 €, Kinder 4 €

Puppenstubenmuseum Fischersand
> ▸ Klappe vorne, b 5

Ein kleiner Schatz findet sich am Fischersand: Mehr als 60 Puppenstuben erfreuen nicht nur die Kinderherzen. Die private Sammlung von Steffi Rebettge-Schneider hat sich derart zum Museumsrenner der Stadt entwickelt, dass sie in größere Räume umziehen musste. Dort zeigt sie nun die Miniaturwelt seit 1890 mit Kaufläden, Kinderküchen, Bauernhöfen – und natürlich mit Puppenstuben. Altstadt • Fischersand 9 • Tram: Dom • www.erfurter-puppenstuben museum.de • Di–Do 11–17, Fr 11–19, Sa, So 11–17 Uhr • Eintritt 3,50 €, erm. 2,50 €

Stadtmuseum Haus zum Stockfisch 👨‍👧
> ▸ Klappe vorne, e 2

Das Stadtmuseum zeigt Dokumente aus der mehr als 1000 Jahre alten Geschichte Erfurts. Ihm angegliedert sind das Druckereimuseum, die Neue Mühle sowie die Wasserburg Kapellendorf.

Altstadt • Johannesstr. 169 • Tram: Futterstraße • www.stadtmuseum-erfurt.de • Di–So 10–18 Uhr • Eintritt 6 €, Kinder 4 €

Stasi-Museum   ▸ Klappe vorne, b 3
Die Erfurter waren mit die ersten Bürger der DDR, die die Frage aufwarfen: Was passiert eigentlich mit den Stasi-Akten? Am 4. Dezember 1989 zog ein Protestzug durch die Stadt. Die Demonstranten besetzten das ehemalige Untersuchungsgefängnis der Staatssicherheit, um zu verhindern, dass diese Akten vernichtet werden. Das war nicht das Einzige, was die Menschen umtrieb. Sie wollten die menschenverachtenden Haftbedingungen für politische Häftlinge in der DDR dokumentieren und das ehemalige Gebäude der Staatssicherheit der DDR vor der Umnutzung bewahren. Es gelang. 2013 wurde dort das Museum »Gedenk- und Bildungsstätte Andreasstraße«, im Volksmund Stasi-Museum genannt, eröffnet. Die Dauerausstellung lässt die Besucher nicht nur die bedrückende Enge des Gefängnisses erleben, sondern zeigt auch Fotos, Filme und Berichte von Zeitzeugen. Zum Ende des Rundgangs ist die friedliche Revolution dokumentiert. Ein architektonisches Glanzstück der Gedenk- und Bildungsstätte Andreasstraße ist der Glaskubus im Innenhof.
Andreasviertel • Andreasstr. 37a • Bahn Domplatz • www.stiftung-ettersberg.de • Di, Do 12–20 Uhr, Fr–So 10–18 Uhr • Eintritt 2 €, erm. 1 €

GALERIEN

Etage 1 👥   ▸ Klappe vorne, d 3
Bilder, die ausschließlich von einer Jury aus Kindern ausgewählt werden? Wie das aussieht, präsentiert die Etage 1. Wechselnde Ausstellungen zeigen die Kreativität der Kinder der Stadt, zu vielen Themen gibt es Ausschreibungen. Verblüffend, welche Ergebnisse Kinderkunst bringen kann. In der Galerie Etage 2 ist Kunst von Erwachsenen zu sehen.
Altstadt • Rathaus/Fischmarkt 1 • Tram: Fischmarkt/Rathaus • Mo, Di, Do 8–18, Mi 8–16, Fr 8–14 Uhr, Sa, So auf Anfrage

Galerie des Verbandes Bildender Künstler   ▸ Klappe vorne, d 3
Mitten auf der Krämerbrücke befindet sich ein Kunstraum. Im Haus zum bunten Löwen zeigen die Mitglieder des Verbandes Bildender Künstler Thüringens ihre Werke in wechselnden Ausstellungen.
Altstadt • Krämerbrücke 4 • Tram: Anger • Di–Fr 11–19, Sa 10–14 Uhr

Galerie Panse   🏛 westl. A 5
In der alten Villa Festge hat sich 2008 eine Galerie niedergelassen, die sich auf zeitgenössische gegenständliche Kunst spezialisiert hat. Der Besuch ist lohnenswert, hier werden Collagen, Fotografien, Objekte oder auch Medienkunst präsentiert. Ab und zu finden auch Lesungen des Erfurter Literaturvereins statt.
Brühlervorstadt • Cyriakstr. 39 • Tram: ega • www.galerie-panse.de • nach Vereinbarung

Galerie Rothamel   ▸ Klappe vorne, c 4
Zeitgenössische Kunst gehört zu den Spezialitäten des Kunsthistorikers Jörk Rothamel. In seiner Galerie zeigt er Installationen, Drucke und Gemälde oder raumfüllende Objekte. Die Ausstellungseröffnungen haben einen festen Platz im Kalen-

der der Erfurter Kunstinteressierten. Der Galerist arbeitet zudem eng mit großen Museen sowie der Bauhaus-Universität Weimar zusammen. Die Chance, hier einen künftigen Stern am Erfurter Kunsthimmel zu entdecken, ist groß.
Altstadt • Kleine Arche 1a • Tram: Domplatz • www.rothamel.de • Di–Fr 14–19, Sa 11–16 Uhr

Haus Dacheröden   ▶ Klappe vorne, d 5
Der prächtige Renaissancebau birgt eine Galerie mit zeitgenössischer Malerei, Plastik und Textilkunst.
Altstadt • Anger 37 • Tram: Angerbrunnen • Di–So 10–18 Uhr • Eintritt frei

Jürgen Valdeig
Fine Art   ▶ Klappe vorne, c 4
Hier gibt es alte Ansichtskarten von Goethes Gartenhaus oder der Krämerbrücke, historische Kinderbü-

cher und ausgefallene alte Kunstdrucke. Der Inhaber ist Kunstmaler, stammt aus Erfurt und ist spezialisiert auf Kunstpostkarten und -drucke zu Erfurt und Thüringen. In seinen Bildern und Zeichnungen lässt er das frühe Gesicht der Stadt wiederauferstehen. Er ist zudem Historiker und arbeitet mit großer Genauigkeit an seinen Impressionen aus Stadt und Land, etwa aus dem Mittelalter.
Altstadt • Kettenstr. 10 • Tram: Domplatz Süd • www.valdeig-fineart.de • Mo–Fr 10–19, Sa 10–16 Uhr

Kulturhof zum Güldenen
Krönbacken   ▶ Klappe vorne, d 3
Kunst aus der Region im ehemaligen Waidspeicher. Stimmungsvoller historischer Innenhof (▶ S. 71).
Altstadt • Michaelisstr. 10 • Tram: Fischmarkt/Rathaus • Di–So 11–18 Uhr • Eintritt frei

Das Miteinander der Architektur der Peterskirche und der Klarheit der Formensprache der Kunstwerke beeindrucken im Forum Konkrete Kunst (▶ MERIAN Tipp, S. 17).

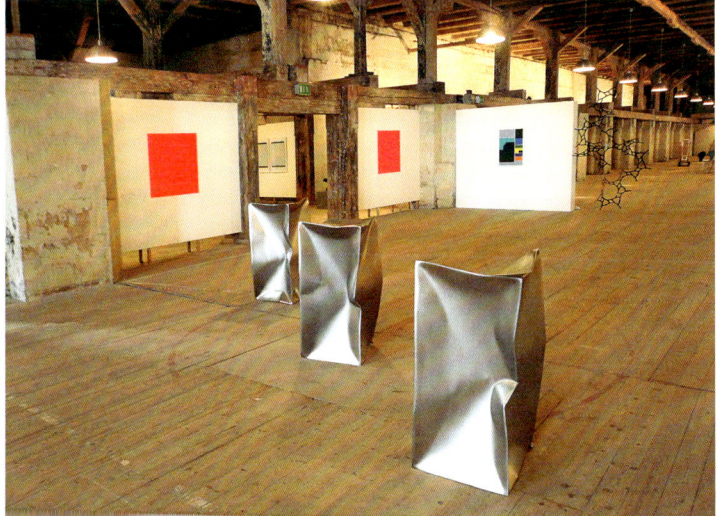

Ein Besuch auf Schloss Kochberg (▶ S. 101) ist ein Fest für die Sinne. Den Besucher erwarten duftende Gärten, plätschernde Wasserspiele und schmucke Brücken.

Spaziergänge und Ausflüge

Es locken Abstecher nach Weimar, zu den Dornburger Schlössern oder eine Radtour entlang der Ilm.

Erfurts dörfliche Ecken – Unbekanntes und Geheimnisvolles auf Martin Luthers Spuren

Charakteristik: Entlang der Gera finden sich viele versteckte Ecken Erfurts, die fast dörflich wirken. Gleich daneben: Stätten von Weltrang, etwa das Augustinerkloster **Dauer:** 1,5–2 Std. **Länge:** ca. 3 km **Einkehrtipp:** Café Füchsen, Hütergasse 13, Tel. 03 61/76 44 14 48, Mo–Fr 10–24, Sa, So, 9–24 Uhr (▶ S. 28)

Karte ▶ Klappe vorne, d 2;   B 2

Ausgangspunkt unseres Spazierganges ist das berühmte **Augustinerkloster** ⭐ – einer der wichtigsten sakralen Orte der Stadt. Sie sehen die Kirche mit ihrem gekrönten Turm vor sich, in der der junge Priester Martin Luther sechs Jahre gelebt und 1507 seine erste Messe gelesen hat. Durch eines der beiden spitzbögigen Tore geht es in den Innenhof. In den Blick fällt dabei sogleich die Verbindung von Alt- und Neubau. 1945 war der Komplex durch Bomben zerstört worden. Das 2010 vollendete »Haus der Versöhnung« aus geschliffenem Kalkstein und großen Fensterfronten schlägt eine Brücke zum Altbau.

Augustinerkloster ▶ Gästehaus Nikolai

Sie verlassen über den Hof das Gelände, halten sich links und biegen sofort wieder in die Kirchgasse ein. In dem schmalen Gässchen mit den weißen Häusern, dem schwarzen Fachwerk und den Blumenkästen direkt hinter den Klostermauern scheint die Zeit stehen geblieben zu sein. Der Weg führt weiter die Augustinerstraße hinab. Linker Hand sehen Sie den **Nikolaiturm**, in dessen Inneren sich die **Elisabethkapelle** mit den bekannten Secco-Malereien befindet. Schräg gegenüber steht das **Gästehaus Nikolai**. In diesem schlichten

Renaissancebau bezog Martin Luther einst sein erstes Quartier in Erfurt – wie es sich für einen Studenten gehörte, im Studentenwohnheim Georgenburse. Heute ist daraus eine Begegnungs- und Pilgerstätte mit Übernachtungsmöglichkeit geworden. Direkt hinter dem Nikolaihaus biegen Sie rechts in den kleinen Weg an der Gera ein.

Venedig ▶ Michaeliskirche

Schon bald stößt man auf eine Brücke namens **Venedig**, über die Ihr Weg führt. Am Ende der Brücke können Sie einen kurzen Blick in einen verwunschenen Garten mit gelber Villa werfen. Dort logiert ein Künstler. Danach geht es rechts ab in die Moritzstraße und links in die Glockengasse. Plötzlich zeigt sich ein ganz anderes Erfurt. Zweigeschossige mittelalterliche Reihenhäuschen säumen die Straße – die bunten Häuser gehören zum **Andreasviertel**, das hier beginnt. Kaum vorstellbar, dass diese liebevoll restaurierten Fassaden, mit Rosen bepflanzt oder mit Blumenkästen geschmückt, einst als Schandfleck der Stadt galten. Noch vor gut 20 Jahren waren die Häuser teilweise abgedeckt und verfallen – bereits in den Dreißigerjahren hatten Erfurts Stadtväter die Idee, das ältliche Viertel mit neuen Häusern zu ersetzen.

Zu DDR-Zeiten wurden diese Pläne weiterverfolgt, einige Gebäude mussten abgerissen werden. Erst nach der Wende fanden die Bürger endlich ein Ohr für ihren Wunsch, das Andreasviertel zu sanieren. Heute ist es ein wirkliches Kleinod der Stadt. Vor allem in der Glockenquergasse, in die Ihr Spaziergang nun führt, zeigt sich die volle Pracht der gepflegten alten Häuser. Am Ende der Gasse biegen Sie links in die Webergasse und gelangen dann über den Moritzhof in die Moritzstraße. Sie wird bald zur Michaelisstraße – der steinernen Chronik Erfurts, wie diese Straße auch genannt wird. Schon von Weitem sichtbar ist die **Michaeliskirche**. Sie war einstmals die Kirche der Universität, deren altes Hauptgebäude Collegium maius schräg gegenüber in einem sanften Roséton leuchtet. Die Michaeliskirche gehörte zu den ersten Gotteshäusern, die in Erfurt reformiert wurden, auch Martin Lu-

ther hatte hier regelmäßig die Messe besucht und 1522 selbst gepredigt.

Allerheiligenkirche ▸ Café Füchsen
Ihr Weg führt weiter in die Allerheiligenstraße, bis zur gleichnamigen **Kirche**, deren vorn spitz zulaufender Bau sich der Straßenführung angepasst hat. An der Kirche geht es links weiter, über das geschäftige Treiben an der Marktstraße bis hin zum Fischmarkt, an dem das Haus »Zum Breiten Herd« mit seiner reich verzierten Renaissancefassade den Blick festhält. Über die Kreuzgasse gelangen Sie zur **Krämerbrücke** ⭐, über die Sie gemütlich bis zum Wenigeplatz schlendern. Neben der **Ägidienkirche** führt eine kleine Gasse zum **Dämmchen** an der Gera. Wandeln Sie auf dieser kleinen Insel inmitten des Flusses unter alten Bäumen, und staunen Sie über die dörfliche Idylle Den Bummel lässt man am besten bei einer selbst gemachten Limonade im **Café Füchsen** ausklingen.

Eine Insel der Ruhe bildet der Renaissanceinnenhof des Augustinerklosters (▸ MERIAN TopTen, S. 55). Hier lebte Martin Luther von 1505 bis 1512 als Mönch.

Geschäftiges Erfurt – Vom Petersberg über den Dom zur Shoppingmeile Anger

Charakteristik: Die Wegstrecke startet hoch über Erfurt auf dem Petersberg, führt weiter zu den Domstufen, vorbei an Mühlen und mystischen Plätzen bis zur Shoppingmeile der Stadt **Dauer:** 1,5 Std. **Länge:** 2,6 km **Einkehrtipp:** Rossini,

Neuwerkstr. 50, Tel. 0361/6 43 84 33, www.rossini-erfurt.de, tgl. 10–24 Uhr €€
Karte ▸ Klappe vorne, a 3; ▯▯ A 3

Der Spaziergang beginnt mit einem Besuch der **Peterskirche**. Im Mittelalter war sie ein stolzes Gotteshaus mit drei Türmen, doch diese erwiesen sich nach dem Wiener Kongress als zu auffällig. Gerade war Erfurt an Preußen gefallen und nun dessen südliche Festung. Also wurden die Türme 1814 herabgesetzt und später die Kirche zum Kornspeicher degradiert. Genau dieser Eindruck macht sich breit, wenn der Besucher in den Innenraum der Peterskirche tritt. Er ist durchzogen von Balkenkonstruktionen. Zwischen den alten Holzbalken finden sich heute moderne Kunstwerke, alle im geometrischen Stil der konkreten Kunst – eine spannungsreiche Kombination.

Peterskirche ▸ Predigerkirche

Wenn Sie aus der Kirche treten, führt Ihr Weg nach links, vorbei an den alten Bastionen durch das **Kommandantenhaus** mit seinem vorgelagerten barocken Peterstor bergab. Sehen Sie links den kleinen Weinberg? Schon die Mönche des Klosters Sankt Peter und Paul haben hier Wein angebaut, heute erhält die Erfurter Weinzunft diese Tradition aufrecht.

Unten am **Domplatz** angekommen, nehmen Sie eine Abkürzung: Statt über 70 Stufen zum Dom zu gehen, spazieren Sie gemütlich über den Se-

verihof zum **Mariendom** 🔴 und genießen die majestätische Aussicht. Anschließend führt der Weg über die Treppen auf den Domplatz und dann in die Mettengasse. Der einstige Färberwaidspeicher, den Sie dort erkennen, dient heute als Spielstätte für ein Puppentheater. Sie schlendern weiter nach links, in die Große Arche, entlang an den hübschen Fassaden, die Erfurt so berühmt gemacht haben, darunter das gelbe Haus zum Sonneborn, heute Standesamt.

Auch das **Naturkundemuseum** liegt auf Ihrem Weg, doch der Spaziergang führt links daran vorbei in die Paulstraße. An deren Ende stoßen Sie auf die **Predigerkirche**, in der der Theologe Meister Eckhart gewirkt hat. An ihn erinnert heute die Tür an der linken Kirchenseite, deren Ornamente wie ein Labyrinth aussehen. Die Predigerstraße geleitet Sie nach einigen Minuten auf eine Brücke. Nehmen Sie sich einen Moment Zeit, und schauen Sie sich das verglaste Mühlhaus genau an – dort kann man dem sich drehenden Mühlrad zusehen.

Schlösserbrücke ▸ Anger

Über die Schlösserbrücke gelangen Sie in die Barfüßerstraße. Dort ist die im Zweiten Weltkrieg zerstörte **Barfüßerkirche** zu finden und ein Zitat von Meister Eckhart.

Betrachten Sie die Blumenkästen im Gebäude nebenan aufmerksam, und lesen Sie schließlich von oben: »Die wichtigste Stunde ist immer die Gegenwart. Der wichtigste Mensch ist immer der, der dir gerade gegenübersteht. Das notwendigste Werk ist stets die Liebe.« Dann biegen Sie links in die Meister-Eckehart-Straße. Sie mündet in die Regierungsstraße, denn dort befindet sich die **Thüringer Staatskanzlei**, das ehemalige Gebäude der Kurmainzischen Statt-

halterei. Hier haben sich einst Napoleon und Zar Alexander I. getroffen. Vor dem Gebäude breitet sich der kleine Park Hirschgarten aus, hier liegt auch das italienische Restaurant **Rossini**. Vom Plätschern des Brunnens begleitet, führt Ihr Weg jetzt in die Neuwerkstraße. Erfurts Shoppingmeile nimmt mit dem bekanntesten Schuhhaus der Stadt ihren Anfang: Zumnorde. Bummeln Sie an den Schaufenstern der Läden entlang bis zum Anger.

Grüne Entdeckungen – Zwischen Blumen, Kakteen und japanischem Teehaus

Charakteristik: Sie lassen Erfurts mittelalterlichen Kern hinter sich und genießen die Gartenkunst im egapark **Dauer:** 45 Min. **Länge:** 1,8 km **Einkehrtipp:** Restaurant Caponniere, egapark, Tel. 03 61/2 25 86 21, Mi–Fr ab 17, Sa, So ab 11.30 Uhr €€

Karte ▶ S. 100

Gleich am Haupteingang des egaparks erblicken Sie den großen Gebäudekomplex des **Mitteldeutschen Rundfunks**. Der MDR hat hier seinen Hauptsitz.

Ausstellungshallen ▶ Kakteenhaus
Sie beginnen Ihren Spaziergang im hinteren Teil, direkt entlang der **Ausstellungshallen**. Zu ihrer linken Seite blühen Tagetes, Pelargonien und Co. um die Wette. Geschickte Gärtnerhände haben sie zu riesigen Blüten und Ornamenten zusammengesteckt – mit seinen rund 6000 qm ist das größte Ornament-Blumenbeet der Welt sogar von einem Flugzeug aus sichtbar. Die Hallen gegenüber dem Beet beherbergen wechselnde Ausstellungen – mal Kunst, mal Themen rund um den

Garten. Im Sommer verwandelt sich so manche Halle auch zum Ort eines Ferienprogramms für Kinder. Schauen Sie zwischen die Halle 4 und die Schauhäuser, dort finden Rosenfreunde heute selten gewordene DDR-Züchtungen der Königin der Blumen. Eine wirkliche Rarität bietet der egapark in seinem **Kakteenhaus**, es ist bei den Pflanzenschauhäusern untergebracht. Dort wächst der Kaktus »Haageocereus«, benannt nach der Kakteengärtnerei Haage (▶ S. 69).

Japanischer Garten ▶ Caponniere
Weiter geht es zum **Japanischen Garten**. Dabei folgen Sie einfach der Wasserachse mit ihren Fontänen und biegen an deren Ende links ab. Das **Gartenbaumuseum** und die

Volkssternwarte laden rechter Hand zum Besuch. Doch das Weitergehen zum Japanischen Garten lohnt sich. Es offenbart sich eine ganz andere Art der Gartenkultur, statt der üppig blühenden Stauden wachsen Sträucher und Bäume. Im Frühjahr verströmen Kirschbäume japanisches Flair, im Herbst die Zwergahorn-Bäume. Machen Sie eine Pause am Teepavillon, oder durchschreiten Sie die Tore zum »Mühevollen Weg des Zen« hin zu einem Gräsergarten.

Haben Sie sich sattgesehen, kehren Sie um und streifen in Richtung Gartenbaumuseum und von dort zum **Aussichtsturm**. Sie wandern dabei durch das alte Gemäuer des ehemaligen Geschütztturms der mittelalterlichen Stadtfestung **Cyriaksburg**. Ihre breiten Rundtürme sind schon von Weitem zu sehen – einer wurde zum Aussichtsturm umfunktioniert. Von hier aus kann man bis zum Dom schauen. Der andere Turm diente übrigens früher als Sternwarte. Während die Burg im Dreißigjährigen Krieg Erfurt Schutz gewährte, stehen in dem trutzigen Bau heute Blumen und Gartenkunst im Mittelpunkt: Das Innere der Cyriaksburg birgt das Gartenbaumuseum.

Wem der Aufstieg über die große Wendeltreppe zu mühsam ist, der setzt sich gleich ins Restaurant **Caponniere** – und bestellt Vanilleeis mit heißen Himbeeren. Und wem dann der Rückweg zu lang ist, der steigt einfach in den egapark-Express und lässt sich zurückfahren.

AUSFLÜGE IN DIE UMGEBUNG

Großkochberg mit Goethewanderweg

Charakteristik: Das Schloss Kochberg ist ein Kleinod im Süden Weimars – auf dem Weg dorthin liegt das Färberdorf Neckeroda **Anfahrt:** Großkochberg ist mit dem Auto am besten über die B 85 erreichbar, Richtung Rudolstadt, hinter Teichel links nach Großkochberg **Dauer:** Halbtagesausflug **Einkehrtipp:** Schlossrestaurant Kochberg, Im Schlosshof 3, Großkochberg, Tel. 03 67 43/2 25 32, www.schlossrestaurant-kochberg.de, Nov.–März Mi–So 11–20, April–Okt. Mi–Mo 10–20 Uhr €€€ **Auskunft:** Tourist Information Thüringen, Willy-Brandt-Platz 1, Erfurt, Tel. 03 61/3 74 20, www.thueringen-tourismus.de, Mo–Fr 9–19, Sa, So 10–16 Uhr

Karte ▸ S. 111, c 2

Wer in Erfurt Urlaub macht, der sollte ihn einmal laufen – den **Goethewanderweg**. Der Dichter soll die 28 km lange Strecke in 4 Std. geschafft haben. »Ich habe mich gestern herausgeflüchtet, bin um halb sechs zu Fuß von Weimar abmarschiert und war halb zehn schon hier, da alles schon verschlossen war und sich zum Bettgehen bereitete ...«, schreibt er an Charlotte von Stein. Man kann sich aber auch nur das letzte Teilstück des Wanderwegs aussuchen.

Schloss Kochberg

Dass Goethe gerne hierherkam, versteht der Besucher von **Großkochberg** auf den ersten Blick. Gebaut als barockes Wasserschloss im 16. Jh., verwandelten es Charlotte von Stein und ihr Sohn Carl im späten 18. Jh. zur musischen Hochburg. Die weiße Barockfassade spiegelt sich heute in dem umgebenden Wassergraben, und eine überdachte Holzbrücke führt wie ein Steg in den Park. Dort liegt das einzigartige, um 1800 errichtete **Liebhabertheater** mit Säulenportal und großem Bühnenraum. Von März bis Oktober werden dort Theater- und Konzertaufführungen präsentiert. Außerdem zeigt das **Schloss-**museum historische Hintergründe. So etwa dass Goethe hier an seinem »Faust« geschrieben hat oder dass Schiller und Herder gerne Gäste auf Schloss Kochberg waren. In den klassizistischen Räumen beeindruckt das Schreibpult, an dem Goethe nicht nur an seinen Versen arbeitete, sondern auch Zeichnungen vom Schloss anfertigte. Neben den Innenräumen ist der 6 ha große Park mit seinem Badeteich samt eigenem Badehäuschen, Grotten und der Ruine sehenswert.

Ein Stück Goethewanderweg

Vom Schloss Großkochberg lohnt es sich, ins 5 km entfernte Neckeroda zu wandern. Dabei wandeln Besucher ein Stück auf Goethes Spuren, der hier nicht selten zu Pferd oder zu Fuß hergeeilt kam. Die einstündige Wanderung führt zunächst zum **Luisenturm**, der für die verstorbene Enkelin von Charlotte von Stein errichtet wurde. Weiter geht es dann, immer den Schildern mit dem großen »G« folgend, auf dem Goethewanderweg nach Neckeroda.

Färberdorf Neckeroda

Neckeroda mit seinen 210 Einwohnern ist inzwischen über die Grenzen

Thüringens hinaus bekannt, denn hier hat sich einzigartiges Fachwissen angesammelt. Immerhin gehörte die Gemeinde einst zu den 200 Waidddörfern Thüringens, die aus der Pflanze den blauen Farbstoff herstellten. Ob Schafgarbe oder Ringelblume, Zwiebelschale oder Brennnessel – eigentlich lassen sich Naturfasern mit fast allem färben –, das erfahren die Besucher im **Färbezentrum**. Das Zentrum unterhält nicht nur einen eigenen Garten mit farbstoffgebenden Pflanzen, sondern führt in den gesamten Herstellungsprozess von der Rohwolle bis zum Pullover ein. Die Besucher können beim Schaufärben zusehen oder selber Seidentücher tönen. Am besten buchen Sie vorher eine Führung im Dorf.

Ilmtalradweg, Buchfart und Bad Berka

Charakteristik: Der Ilmtalradweg führt durch idyllische Täler, zu alten Mühlen, schönen Brücken und nach Bad Berka, wo schon Goethe kurte **Anfahrt:** Mit der Bahn nach Weimar, dort kann man sich Fahrräder leihen, etwa am Hbf. **Dauer:** Halbtagesausflug, bei einem Besuch von Weimar Ganztagesausflug **Einkehrtipps:** Waldgasthaus Balsamine, Am Schlossberg 50, Buchfart, Tel. 0172/3 62 47 30, www.waldgasthaus-balsamine.de, Mi–So 11–20 Uhr €€ **Auskunft:** Kurverwaltung Bad Berka, Goetheallee 3, Bad Berka, Tel. 0 36 45/87 57 90, www.bad-berka.de, Mo–Fr 9–12, 14–18, (Nov.–April bis 17), Sa 9–12 Uhr
Karte ▶ S. 111, c 1/2

Die mit dem Fahrrad zu bewältigende Strecke ist etwa 24 km lang und sollte in 1,5 Std. zu schaffen sein. Der Streckenverlauf: Weimar – Mellingen – Oettern – Buchfart – Hetschburg – Bad Berka. Entweder haben Sie vereinbart, dass Sie Ihr Rad in Bad Berka wieder abgeben können, oder Sie müssen den Umweg per Bahn und Rad nach Weimar machen.

Weimar ▶ Oettern
Setzen Sie sich in die Bahn, und machen Sie einen Ausflug nach Weimar. Vielleicht erst zur Stadtbesichtigung und später zum Radfahren. Es geht dann zunächst ein Stückchen den **Ilmtalradweg** entlang. Am besten lässt es sich am südlichen Ende von Weimars Park an der Ilm starten, beim Bienenmuseum. Folgen Sie den Schildern Ilmtalradweg–Bad Berka. Sie passieren bald eine hübsche, historische Steinbrücke. Folgen Sie weiter der Ausschilderung, und genießen Sie zwischendurch die Ausblicke in die Ilmtallandschaft.

Die erste Station auf dieser Tour ist **Taubach**. Schauen Sie sich die Mühle am Ilmwehr an: Sie stammt aus dem 12. Jh. und gilt als älteste noch funktionstüchtige Thüringens. Lassen Sie Ihren Blick über den Dreiseitenhof, das Fachwerk und die vorgelagerte Ilminsel schweifen, und genießen Sie den Klang des tosenden Wassers, bevor Sie weiterfahren.

Gleich im Nachbardorf gibt es schon wieder etwas zu sehen: In **Mellingen** erkennt man schon von Weitem ein aus Drahtstäben in Bauhausfarben gefertigtes Kunstwerk. Es soll an den Maler Lyonel Feininger (1871–1956) erinnern, der den Mellinger Kirchturm in seinen Bildern verewigt hat. Es gibt übrigens einen Lyonel-Feininger-Radweg, den es zu entdecken lohnen würde. Doch wir lassen uns nicht ablenken und bleiben dem Ilmtalradweg treu.

Buchfart

Kurz vor Buchfart sehen Sie rechter Hand einen Berg – die **Balsamine**. Am Schlossberg liegt ein bezauberndes Gasthaus und Ausflugslokal: Balsamine. Ein Abstecher dorthin lohnt sich – vom Gasthaus eröffnet sich der Blick über die Ilmtalaue, und auf der Terrasse riecht es würzig nach Nadelbäumen und Harz. Auf den Tisch kommen Thüringer Gerichte, etwa Wildschweinbraten.

Die Weiterfahrt fällt schwer – lohnt sich aber, denn **Buchfart** ist wirklich sehenswert, nicht nur wegen seiner Felsenhöhlen am Ortseingang. Sie wurden im 10. Jh. als Kammern der Zuflucht in den Berg getrieben. Besonders bemerkenswert ist jedoch die alte Mühle, sie mahlt sogar heute noch Korn, das dann in der Backstube zu Brot wird. Hier klappert es noch, wenn sich am grauen Steingebäude am Ilmwehr das hölzerne Wasserrad dreht.

Hetschburg ▸ Bad Berka

Die letzte Etappe des Radwegs führt nun nach **Bad Berka** – eine herausgeputzte Kleinstadt, in der schon Goethe als Badegast weilte. Hier hat Goethes Freund Clemens Wenzeslaus Coudray, ein klassizistischer Architekt, dabei geholfen, Bad Berka als Kurstadt voranzubringen. Dessen Bauten gehören heute zu den Hauptsehenswürdigkeiten: das Rathaus im klassizistischen Stil mit den angrenzenden Gebäuden sowie das Kurhaus. Eng mit Weimar verbunden ist der Edelhof, dort logierten viele Größen aus der Goethestadt.

Auf dem Ilmtalradweg (▸ S. 102) kommt man durch grüne Täler und kleine Dörfer. Hier lernen Thüringen-Besucher die Region eher von ihrer stillen Seite kennen.

Die Feengrotten von Saalfeld 👫

Charakteristik: Die Feengrotten in Saalfeld gelten als farbenprächtigste der Welt – mit ihrer besonderen Beleuchtung wirken sie wie ein Märchenland **Anfahrt:** Mit dem Auto – die Feengrotten liegen 47 km südlich von Erfurt und sind am besten über die B 85 erreichbar, Richtung Blankenhain/Rudolstadt. Weiter geht es über die B 281 in Saalfeld. Mit der Bahn – bis nach Saalfeld, halbstündlich fährt dort ein Bus zu den Feengrotten **Dauer:** Halbtagesausflug **Einkehrtipp:** K-Star Saalfeld, Schwarmgasse 25, Saalfeld, Tel. 0 36 71/45 76 68, www.kstar.de, So–Do 14–1, Fr, Sa 14–2 Uhr €€ **Auskunft:** Feengrotten, Feengrottenweg 2, Saalfeld, Tel. 0 36 71/5 50 40, www.feengrotten.de, Mai–Okt. tgl. 9.30–17, Nov.–April tgl. 10.30–15.30 Uhr (Jan. nur Sa, So)
Karte ▸ S. 111, c 3

Die Pracht der Feengrotten breitet sich über drei Etagen aus – schließlich sind die Feengrotten ein **Bergwerk**, das mehr als 300 Jahre lang in Betrieb war. Von 1530 bis 1850 wurde in den Stollen Alaun abgebaut – mehr über die Historie erfahren Besucher gleich im Eingangsbereich der Stollen. Erklärt wird auch, warum es hier so farbenprächtig ist: In dem Wasser, das jahrhundertelang ganz langsam, aber gleichmäßig heruntertröpfelte, befindet sich eine außergewöhnliche Breite an Mineralien – und jedes schimmert in einem anderen Ton. In dieser ersten Sohle, wie die Stockwerke unter Tage auch genannt werden, befindet sich zudem Deutschlands erster **Heilstollen**: Die Luft in den Feengrotten wirkt sich nicht nur positiv auf Erkrankungen der Atemwege aus, sondern ist zudem auch noch extrem rein, fast völlig staub- und keimfrei. Geht der Besucher tiefer ins Bergwerk hinab, ist er nicht nur mehr als 25 m unter Tage, sondern sieht zudem noch den Stollen, der 1910 wiederentdeckt wurde. Der Höhepunkt des Besuchs liegt in der dritten Sohle: Der **Märchendom** scheint wirklich aus einer anderen Welt zu kommen mit seinen etwa 300 Jahre alten Tropfsteinen, die hier in buntes Licht getaucht sind.

Ideal für Familien

Die unterirdische Welt mit den außergewöhnlichen Gesteinsformen begeistert nicht nur Kinder, auch Erwachsene sind oft angetan. Und es gibt in den Feengrotten viel zu entdecken für Familien. Zunächst einmal die Antwort auf die Frage »Wie entstehen eigentlich Grotten?«. Sie findet sich im Mitmachmuseum **Grottoneum**. Vor allem für Kinder lohnt sich der Abstecher. Dort sehen sie nicht nur einem Tropfstein beim Wachsen zu, sondern erfahren auch, wie mühsam die Bergleute im Mittelalter unter Tage hier schufteten. Frisches Mineralwasser sprudelt aus der Gralsquelle, im Grottenkino bewegen sich Bilder, und sogar ein Riesenskorpion ist zu sehen. Das ist auch für Erwachsene ein Erlebnis. Anschließend lassen sich die Kinder draußen im **Feenweltchen** verzaubern, während sie verwunschene Laubengänge durchschreiten und im Garten der Feenpflanzen lernen, welche Blüte zu welcher Fee gehört – echte Feen treffen nicht ausgeschlossen. Lauschin-

Die Feengrotten von Saalfeld (▶ S. 104) sind weltweit einzigartig. Hier staunen die Besucher über die gelungene Illumination der »Gralsburg« im Märchendom.

seln, Dufträtsel und ein Spielplatz mit Feennestchen sind einfach zauberhaft. Mutige trauen sich über die wackelige Hängebrücke. Und sogar einen kleinen Feenpavillon gibt es. Wer keine Kinder hat und dafür viel Zeit mitbringt, kann einen Wohlfühltag im Heilstollen buchen.

Saalfeld

Obwohl die Feengrotten allein schon eine Reise wert sind, sollte das dazugehörige **Saalfeld** keinesfalls links liegen gelassen werden. Die Kreisstadt hat einige hübsche Bauten zu bieten (www.saalfeld-tourismus.de), etwa das barocke Stadtschloss mit der prunkvollen protestantischen Kapelle, das märchenhafte Schlösschen Kitzerstein, eine ehemalige Schraubenfabrik oder auch das mittelalterliche Franziskanerkloster (www.museumimkloster.de), das heute Stadtmuseum ist, und die älteste Apotheke Deutschlands (www. marktapotheke-saalfeld.de). Naschkatzen fühlen sich in Saalfeld besonders wohl, die Stollwerk-Schokolade (www.stollwerk.de) ist hier zu Hause, zudem gibt es noch eine Schokoladenmanufaktur (www.rotstern.de).

Goethestadt Weimar

Charakteristik: Auf Goethes und Schillers Spuren in die Stadt des Klassizismus – ein Stadtbummel durchs nahe Weimar **Anfahrt:** Mit dem Auto – über die B 7. Mit der Bahn – mit dem Regionalexpress etwa halbstündlich in 15 Min. **Dauer:** Tagesausflug **Einkehrtipps:** Anno 1900, Altstadt, Geleitstr. 12a, Bus Goetheplatz, Tel. 0 36 43/90 35 71, www.anno1900-weimar.de €€€ Mo–Fr 11–24 Uhr, Sa, So 9–24 Uhr €€ • Crêperie du Palais, Altstadt, Am Palais 1, Bus: Goetheplatz, Tel. 0 36 43/40 15 81, www.creperie-weimar.de, tgl. 11–24 Uhr €€ **Auskunft:** Tourist-Information Weimar, Altstadt, Markt 10, Bus: Goetheplatz, Tel. 0 36 43/74 50, www.

weimar.de, April–Okt. Mo–Sa 9.30–19, So 9.30–15 Uhr, Nov.–März Mo–Fr 9.30–18, Sa, So 9.30–14 Uhr

Karte ▸ S. 107

Nur 15 Minuten mit der Bahn von Erfurt entfernt liegt Weimar. Die berühmte Goethestadt mit ihrer Rokokobibliothek und den Wohnhäusern von Goethe und Schiller ist auf jeden Fall einen Abstecher wert. Am besten sollte man für diesen Ausflug einen ganzen Tag einplanen, denn Weimar ist zwar klein, aber es gibt viel zu entdecken. Die wichtigste Sehenswürdigkeit ist sicherlich das **Goethe-Museum** mit dem angeschlossenen Wohnhaus des Dichters am Frauenplan. Hier starten Sie am besten auch zu Ihrem Rundgang durch Weimar.

Goethe-Museum ▸ Wittumspalais
Nach dem Besuch des Museums lockt gleich in nur wenigen Gehminuten Entfernung ein weiterer Höhepunkt – das **Schiller-Wohnhaus**, kleiner und bescheidener als das seines älteren Freundes, aber mit aufschlussreichen Einblicken in das Leben des Dichters. Spazieren Sie nun die Schillerstraße weiter gen Nationaltheater hinauf, sehen Sie ein großes gelbes Prachtgebäude – es ist das **Wittumspalais**, der Wohnsitz der Herzogin Anna Amalia, die in Weimar so vieles bewirkt hat und letztendlich auch Dichter wie Wieland, Goethe und Schiller an ihrem Tisch vereint hat.

Wittumspalais ▸ Marktstraße
Von hier aus können Sie entweder zum **Deutschen Nationaltheater** schlendern, vorbei an Weimars heimlichem Wahrzeichen, dem **Goethe-Schiller-Denkmal** vor dem Museum, oder Sie durchqueren den Innenhof des Palais und kommen an der Crêperie du Palais heraus (Einkehrtipp). Von hier aus lohnt sich ein Abstecher nach rechts durch die **Marktstraße**, die den Domplatz mit dem Fischmarkt verbindet. Sie finden in der Straße eine Menge kleine Läden. Ihre kreativen Besitzer verkaufen Schmuck, Töpferware oder Kleidung.

Marktstraße ▸ Residenzmuseum
Wenn Sie genug gestöbert haben, gehen Sie weiter Richtung Herderplatz. Schauen Sie in die **Kirche**, und besichtigen Sie das berühmte dreiflügelige Altarbild. Anschließend lohnt noch ein Spaziergang durch den nahen **Herdergarten**. Bummeln Sie nun weiter gen **Schloss**. Die Residenz unterhält ein Museum mit Werken von Auguste Rodin und

Caspar David Friedrich. Zudem werden Möbel und Kunsthandwerk aus der Zeit um 1800 gezeigt, und es gibt eine eigene Cranach-Galerie. Der Maler hat in Weimar seine letzten Jahre verbracht, sein Wohnhaus befindet sich am Markt.

Residenzmuseum ▶ Herzogin-Anna-Amalia-Bibliothek

Vom Schlossplatz aus sehen Sie schon das zartgelb verputzte Gebäude der **Herzogin-Anna-Amalia-Bibliothek**. Mit ihrem Rokokosaal gehört sie bestimmt zu den schönsten im ganzen Land, mit ihren Folianten und frühen Goethewerken aber auch zu den bedeutsamsten. Ein Besuch will gut geplant sein, vor allem in der Saison ist die Bibliothek ausgebucht, es empfiehlt sich, die Karten vorzubestellen. Und dann nichts wie hineinschlüpfen in die dicken Schlosspuschen und den Duft der alten Bücher genießen.

Herzogin-Anna-Amalia-Bibliothek ▶ Goethes Gartenhaus

Genug der Museen? Da kommt der nahe gelegene **Ilmpark** gerade recht. Goethe hat ihn konzipiert und gestalten lassen. Schauen Sie sich die künstlichen Ruinen, die Skulpturen und die kleinen Paläste an. Versäumen Sie nicht einen Abstecher in das **Gartenhaus**. Zwar dokumentiert das Wohnhaus am Frauenplan das Leben des Dichters umfassender, aber geliebt hat Goethe sein Gartenhaus. Hier hat er sich oft im Sommer auf die Terrasse gelegt, um unter dem Sternenhimmel zu schlafen. Genießen Sie die Einfachheit dieses Wohnhauses. Abschließend empfiehlt sich eine Einkehr im Anno 1900 im Stadtzentrum.

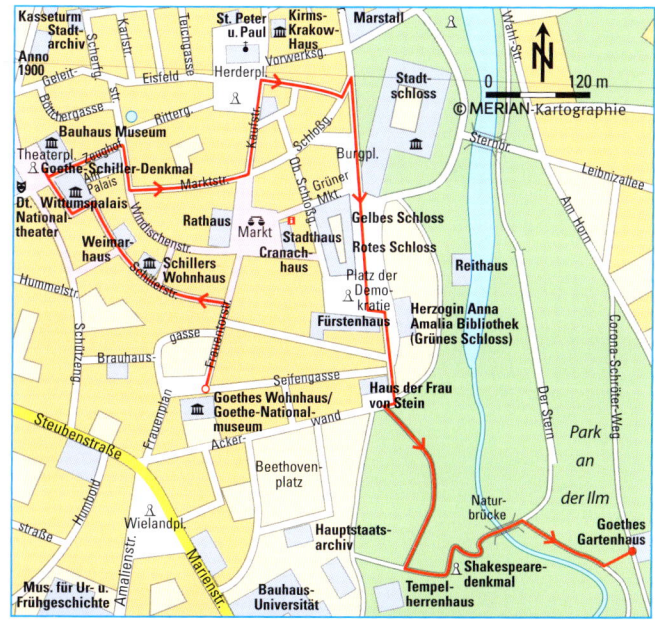

Die Dornburger Schlösser

Charakteristik: Eine einmalige Parade von drei Schlössern thront hier über der Saale **Anfahrt:** Mit dem Auto – von Erfurt auf die A 4 Richtung Jena, dann über die B 88 in Richtung Naumburg zu den Dornburger Schlössern. Mit der Bahn – eine Regionalbahn fährt von Erfurt und Weimar stündlich nach Dornburg **Dauer:** Halbtagesausflug **Einkehrtipp:** Restaurant Schlossberg, Neustr. 16 a, Dornburg, Tel. 03 64 27/7 04 63, www.dornburger-schloesser.de, Öffnungszeiten telefonisch erfragen €€ **Auskunft:** Tourismusinformation Saaleland, Margarethenstr. 7/8, Kahla, Tel. 03 64 24/7 84 39, www.dornburg-saale.de
Karte ▸ S. 111, e 1

Nördlich von Jena liegt ein beispielloses Ensemble von drei Prachtbauten: die Dornburger Schlösser. Malerisch thronen sie auf einem Muschelkalkfelsen über der Saale. Immerhin gilt **Dornburg** als Schauplatz großer geschichtlicher Ereignisse. Kaiser Otto I. hielt hier im Jahr 965 einen Reichstag ab, zwei weitere folgten. Ob sie jedoch in den Mauern des heutigen **Alten Schlosses** stattfanden, ist historisch nicht belegt. Sicher hingegen ist, dass der Bau aus dem 16. Jh. stammt und dass er seine Blüte unter Ernst August I. Anfang des 18. Jh. erlebte. Doch nach dem Auszug des Herzogs von Weimar wurde das Schloss zu Verwaltungssitz, Textilfabrik und Schule degradiert. Nach der Wiedervereinigung beschloss man, das Schloss umfassend zu renovieren. Es gehört nun zur Universität Jena.

Schlösser als Museen

Im Gegensatz zum Alten Schloss können die beiden anderen Anwesen, das **Renaissanceschloss** und das **Rokokoschloss**, besichtigt werden. In beiden Häusern hat Goethe residiert, denn Herzog Carl-August hatte das Gebäude aus dem Jahr 1539 im frühen 19. Jh. zum Herrensitz umbauen lassen. So erinnert auch

ein Goethezitat über dem Eingang des Renaissanceschlosses an den berühmten Dichter. Er hat dem Ort sogar ein eigenes Gedicht namens Dornburg gewidmet.

Goethe-»Grafitto«

Obwohl er hier noch als 78-Jähriger geschrieben und gewohnt hat, ist heute kaum ein Möbelstück aus jener Epoche übrig geblieben – doch in der Bergstube in den oberen Räumen findet sich immerhin noch ein kleines »Grafitto« von Goethe im Fensterrahmen: »1828 vom 7. Juli bis 12. September weilte hier Goethe.« Das Renaissanceschloss, auf dessen Hof ein hübscher Springbrunnen sprudelt, war von 1828 an Reiseziel für Goethe. Der Dichter hielt sich besonders gerne im Bergzimmer im Obergeschoss auf und genoss von dort die Aussicht aus dem Eckzimmer. Es ist inzwischen als Museumsstätte hergerichtet.

Sehenswert sind auf jeden Fall auch das Kaminzimmer sowie das Kraus-Klauer-Zimmer. Letzteres vereinigt die Erinnerung an den Weimarer Bildhauer Martin Gottlieb Klauer und an den Maler und Zeichner Georg Melchior Kraus. Im Kaminzimmer sind noch Spuren von Großherzog Carl August zu finden, der sich auch gerne in Dornburg aufhielt.

Besonders lohnenswert ist ein Besuch des Rokokoschlosses. Wahrlich königlich ist die Atmosphäre hier mit den großen Fenstern, die für lichtdurchflutete Räume sorgen.

Auf keinen Fall versäumen sollten Besucher den Blick in das Porzellanzimmer mit seinen alten Meisterwerken edler Porzellankunst. Und der Festsaal mit seinem Parkettboden, den Fresken im Stuck und den farbigen halbrunden Nischen ist wirklich ein Erlebnis. Eingebettet in einen formalistischen **Park** mit zahlreichen Ornamenten und geometrisch exakt geschnittenen Bäumen, wirkt das Rokokoschloss wie eine kleine Oase.

Meisterhafter Gartenbau

Angelegt auf Terrassen, ist der Park übrigens eine Meisterleistung der Gartenbaukunst – zu steil fielen die Hänge ab, als dass man hier hätte einen normalen Schlossgarten anlegen können. Am letzten Juniwochenende feiert Dornburg sein **Rosenfest** – der Umzug samt Rosenkönigin beginnt am Rokokoschloss. Besonders spektakulär präsentieren sich die Schlösser im Herbst, wenn die Blätter der umliegenden Weinstöcke sich verfärben und Nebel die Sicht ins Tal der Saale versperrt.

Wartburg-Sammlung

Wer sich an den Schlössern sattgesehen hat und gerne in die Geschichte der Automobilherstellung eintauchen will, auf den wartet ein Museum der besonderen Art. In der Apoldaer Straße 5 fällt schon eine Straßenbahn im Garten auf. Hier führt ein Sammler ein privates Museum, das sich auf Wartburg-Modelle aus den Eisenacher Automobilwerken spezialisiert hat. Besichtigung nach Anmeldung unter Tel. 03 64 27/2 23 12.

Verträumt erhebt sich das Rokokoschlösschen der Dornburger Schlösser (▶ S. 108) in einer prächtigen Gartenanlage – auch Goethe fand hier zeitweilig ein Zuhause.

Zum Stausee Hohenfelden

Charakteristik: Rund 20 km südlich von Weimar und Erfurt – fast genau zwischen beiden Städten – liegt der Stausee Hohenfelden, ein Wasserparadies der Region **Anfahrt:** Mit dem Auto – ab Erfurt fahren Sie in Richtung A 4 Jena, aber nicht auf die Autobahn, sondern Sie folgen einfach der Landstraße weiter nach Hohenfelden. Mit dem Bus – vom Busbahnhof gibt es eine regelmäßige Verbindung nach Hohenfelden **Dauer:** Halbtages- bis Tagesausflug **Einkehrtipp:** Seeterrassen Hohenfelden, Am Stausee 2, Hohenfelden, Tel. 03 64 50/4 23 97, www.seeterrassen-hohen felden.de, tgl. 11.30–22 Uhr €€
Karte ▸ S. 111, b/c 2

Wenn die Erfurter oder Weimarer sich einen kleinen Urlaub gönnen, dann fahren sie zum Stausee Hohenfelden und dem **Freizeitpark** samt seinem Kletterwald. Doch zuerst lockt immer wieder das Wasser, und an warmen Tagen steht auf jeden Fall eine Runde Schwimmen im See auf dem Programm. Und wenn die Temperaturen zu kalt zum Baden sind, dann steht die **Avenida-Therme** mit Saunen, Dampfbad und sogar Eisgrotte bereit – alles direkt am See.

Vom Boot aus den See erkunden

Aber nicht immer mag man nur am Strand liegen, auf dem Wasser eröffnen sich oft ganz andere Welten. Libellen fliegen dicht über die Oberfläche des Sees – und die Geräusche der Zivilisation verschwinden in weiter Ferne. Nicht nur deswegen lohnt es sich, in Hohenfelden ein Boot zu mieten – ob Tretboot, Ruderboot oder einen kleinen Segler. Die Wassersportschule Weimar hat Segel- und Windsurfkurse im Programm.

Wildpark, Kletterwald und Freilichtmuseum

Auch zu Land hat Hohenfelden einiges zu bieten. Im kleinen **Wildpark** suhlen sich Wildschweine, während das Damwild den Schatten sucht. Wem das nicht aufregend genug ist, der besucht den **Kletterwald** und hangelt sich über wackelnde Netze und wippende Seile. Etwas ruhiger geht es im **Freilichtmuseum Hohenfelden** zu: Hier findet man ein kleines Dorf mit alter Schule, Bienenhaus, Windmühle und Werkstätten. Das Museum vermittelt, wie die Menschen im 17. Jh. auf dem Lande gelebt haben. Besonders schön präsentiert sich das große **Handwerkerfest** Anfang April.

INFORMATIONEN

Freizeitpark Stausee Hohenfelden
Hohenfelden • Tel. 03 64 50/4 20 81 • www.stausee-hohenfelden.de • Strandbad: 15. Mai–15. Sept. tgl. 9–19 Uhr • Eintritt 3 €, Kinder ab 3 J. 1,50 €

Avenida-Therme
Hohenfelden, Am Stausee 1 • Tel. 03 64 50/44 90 • www.avenida-therme.de • tgl. 10–23 Uhr • Eintritt 11–16,50 €, Kinder 8,50–14 €

Thüringer Freilichtmuseum
Hohenfelden, Im Dorfe 63 • Tel. 03 64 50/3 02 85 • www.thueringer-freilichtmuseum-hohenfelden.de • April–Okt. tgl. 10–18, Jan.–April Sa, So 11–17 Uhr • Eintritt 5 €, Kinder 2,50 €

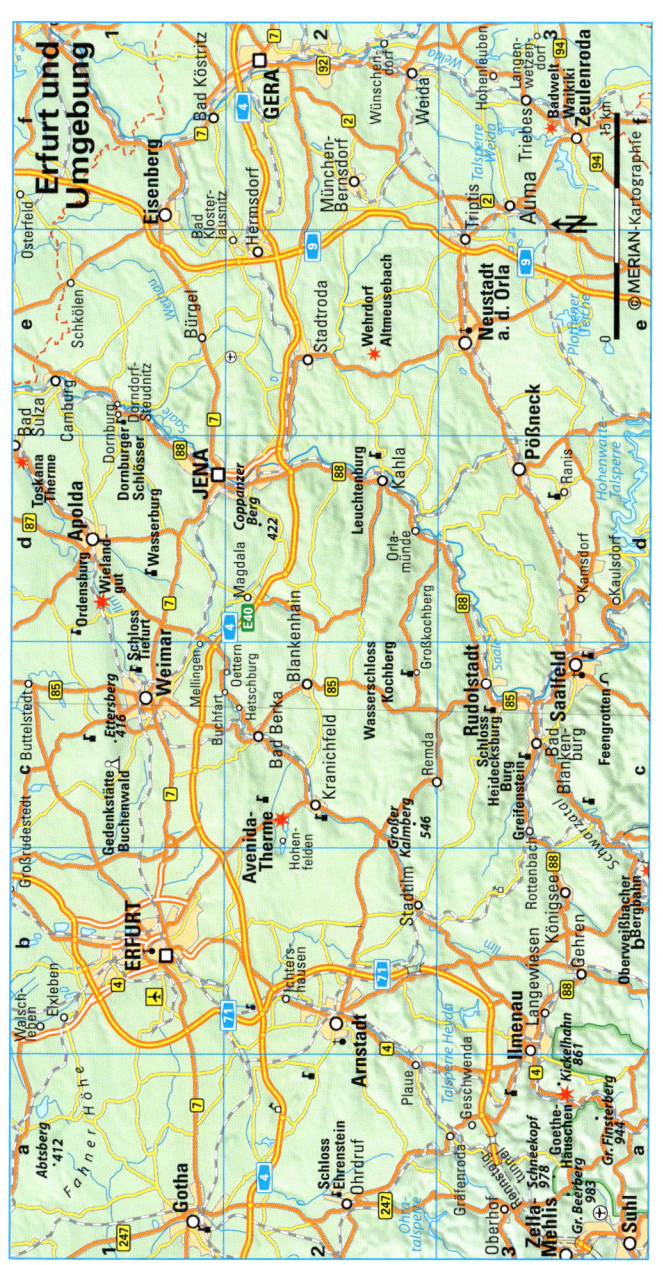

Die traditionsreiche Erfurter Straßenbahn auf ihrem Weg zum Domplatz (▶ S. 98). Ein dichtes Liniennetz macht den Besuch der Stadt komfortabel.

Wissenswertes über **Erfurt**

Nützliche Informationen für einen gelungenen Aufenthalt: Fakten
über Land, Leute und Geschichte sowie Reisepraktisches von A bis Z.

Auf einen Blick

Mehr erfahren über Erfurt – Informationen über Land und Leute, von Bevölkerung über Politik und Religion bis Wirtschaft.

Bevölkerung: 3 % Ausländer, davon 20 % Vietnamesen, 9 % Russen, 7,7 % Ukrainer
Einwohner: 206 000
Fläche: 270 qkm
Internet: www.erfurt.de
Religion: 13,7 % Protestanten, 6,5 % Katholiken
Verwaltung: 53 Stadtteile, 36 davon sind Ortsteile

Bevölkerung

Erfurt hat seine große Bevölkerungskrise überwunden und kann sogar mit einer steigenden Einwohnerzahl aufwarten. Unter den vergleichbar großen Städten im Osten Deutschlands hat Erfurt somit die stabilste demografische Entwicklung.

Lage und Geografie

Erfurt liegt im Thüringer Becken. Das knapp 2400 qkm große Hügelland erstreckt sich vom Harz bis zum Thüringer Wald. Charakteristisch sind dabei seine weiten Muldentäler und abgerundeten Hügelformen. Muschelkalkhöhenzüge grenzen es im Norden sowie im Süden ab. Durch die besonders geschützte Tallage hat sich im Thüringer Becken auch ein besonderes Klima gebildet. Dieser Landzug gehört zu den trockensten Deutschlands, teilweise

◀ Die Thüringer Bratwursthexe am Lutherdenkmal (▶ S. 72).

liegen die durchschnittlichen Niederschlagsmengen unter 500 mm pro Jahr. Das windarme, sonnige Klima ist ein entscheidender Faktor für Gartenbau und Landwirtschaft. Zudem sorgt der reiche Boden für gute Erträge. In der Landeshauptstadt selbst schwankt die Höhenlage. Sie liegt im Norden bei 158 m, im Südosten bei 430 m.

Politik und Verwaltung

Dem Erfurter Stadtrat gehören neben dem Oberbürgermeister Andreas Bausewein (SPD) noch 50 Mitglieder an (SPD 15, CDU 12, Die Linke 11, Bündnis 90/Die Grünen 5, Freie Wähler/FDP/Piraten 4, Fraktionslose 3).

Religion

Immerhin zwei Drittel der Einwohnerschaft von Erfurt gehören keiner Religionsgemeinschaft an. Das begründet sich in der jüngeren Geschichte, denn nach den Jahren des Nationalsozialismus folgte für die Bewohner die Zeit der DDR, in der eine Mitgliedschaft bei den Kirchen ebenfalls nicht gern gesehen war. Übrigens bilden die drittstärkste Religionsgruppe in Erfurt die Buddhisten, aufgrund der vielen Einwanderer aus Asien.

Sprache und Dialekt

In Thüringen wird selbstverständlich Deutsch gesprochen – doch oftmals mit eindeutiger Sprachfärbung. »Dieringisch« (so wird Thüringisch in Erfurt ausgesprochen) gehört zu einer Dialektgruppe des Mitteldeutschen. Oftmals wird es auch mit Sächsisch verwechselt, was aber nicht zutreffend ist. Eine Besonderheit der Aussprache sind die weichen Konsonanten, schnell wird dabei ein P zu einem B oder ein K zu einem G. Zudem lassen die Thüringer gerne auch Vokale einfach weg oder machen aus einem A ein O. Dafür wird schnell mal das typische »no« anstatt eines »nicht wahr« hinzugefügt.

Wirtschaft

Erfurt ist das wirtschaftliche Zentrum des Freistaates Thüringen. Maschinen- und Anlagenbau sorgen ebenso wie Mikrotechnologie und Gartenbau für Arbeitsplätze. Auch im Bereich der Logistik verdienen viele Menschen ihr Geld. Buchgroßhändler Koch, Neff & Volckmar hat im Norden der Stadt eines der modernsten und größten Medienlogistikzentren Europas errichten lassen. Insgesamt haben 13 000 Unternehmen ihren Sitz in der Stadt und beschäftigen rund 135 000 Menschen. Vor allem die neuen Technologien haben Arbeitsplätze geschaffen, etwa die Halbleitertechnik mit ihrem Unternehmen X-Fab, aber auch die Solarenergie mit Bosch als Arbeitgeber. Neben Brauereien und Maschinenbau hat sich auch die Gummiwarensparte etabliert: So gehört der Verhütungsmittelhersteller Condomi ebenfalls zu Erfurts großen Arbeitgebern. Aber auch Internethändler wie Zalando beschäftigen inzwischen viele Menschen aus der Stadt. Siemens hat hier ebenfalls einen Standort, genauso wie DHL. Und auch bei der Zeitungsgruppe Thüringen sind viele Menschen beschäftigt. In Erfurt liegt die Arbeitslosenquote bei etwa 9 %.

Geschichte

100 000 v. Chr.
Bereits in der Steinzeit siedeln
die ersten Menschen an der Gera.
Von der großen, germanischen
Siedlung gibt es heute noch
Fundstücke.

742
Erste schriftliche Erwähnung von
»Erphesfurt«.

852 und 936
In der Stadt finden wichtige
Reichstage statt.

1000
Erfurt kommt unter die Herrschaft des Erzbistums Mainz.

1066
Erfurt baut einen Stadtwall.
Er gehört zu den frühesten in
Deutschland.

1094
Es wird mit dem Bau der Synagoge
begonnen. Obwohl sie die älteste
Europas ist, wird erst 1992 ihr
bauhistorischer Wert erkannt.

1154
Beginn des Dombaus.

1181
Beim Reichstag auf dem Petersberg unterwirft sich Heinrich
der Löwe dem Kaiser Friedrich I.
Barbarossa.

1278–1311
Der Priester und Mystiker Meister
Eckhart lebt als Dominikaner im
Predigerkloster Erfurt.

1351
Der »Erfurter Zuchtbrief« legt Re-
geln für den Handel mit Waid fest:
Das Färbemittel darf nur zu gewis-
sen Zeiten auf dem Anger angeboten werden.

1392
In Erfurt wird eine Universität mit
den Fakultäten Theologie, Jura,
Medizin und Kunst eröffnet.

1501
Martin Luther kommt nach Erfurt.

1505
Martin Luther tritt ins Augustinerkloster ein und will Mönch
werden.

1509
Das tolle Jahr von Erfurt beginnt –
die Bürger beginnen eine Revolte
gegen die Ratsherren, weil sie zu
verschwenderisch wirtschaften.

1522
Adam Ries druckt in Erfurt sein
großes Rechenbuch, Grundstein
für die noch heute geltenden
Rechenarten.

1618–1648
Der Dreißigjährige Krieg schädigt
die Stadt sehr.

1632–1635 und 1637–1650
Erfurt ist von den Schweden besetzt.

1665
Bau der Zitadelle Petersberg.

1756
In Erfurt erblüht der Gartenbau. Statthalter Philipp Wilhelm von Boineburg ordnet an, dass jeder Erfurter zwölf Obstbäume pflanzen muss. Die Universität gründet einen botanischen Garten, um die Samenzucht voranzutreiben.

1802
Ende der Kurmainzischen Herrschaft. Erfurt wird dem Königreich Preußen zugeschlagen.

1806
Napoleon besetzt kampflos Erfurt und hält 1808 seinen Fürstenkongress in der Stadt ab. Dabei trifft er u. a. auf Zar Alexander I.

1847
Erfurt wird an das Eisenbahnnetz angeschlossen. Das ist der Beginn der Entwicklung hin zu einer modernen Großstadt.

1945
Im Zweiten Weltkrieg erlebt Erfurt 27 Luftangriffe. 1392 Einwohner werden getötet, 530 Gebäude zerstört.

1961
Auf dem egapark-Gelände findet von April–Okt. die »1. Internationale Gartenbauausstellung sozialistischer Länder«, kurz »iga Erfurt 1961«, statt.

1970
Erstes deutsch-deutsches Gipfeltreffen zwischen dem bundesdeutschen Kanzler Willy Brandt (SPD) und dem Staatsratsvorsitzenden der DDR Willi Stoph (SED). An die Rufe »Willy Brandt ans Fenster« erinnert heute eine Leuchtschrift am Erfurter Hof.

2002
Ein Amoklauf auf dem Gelände des Gutenberg-Gymnasiums fordert 17 Todesopfer. Der Täter war ein ehemaliger Schüler.

2003
Das neue Erfurter Theater nimmt nach vierjähriger Bauzeit seinen Betrieb auf.

2011
Papst Benedikt XVI. kommt bei seinem Staatsbesuch auch nach Erfurt.

2012
Erfurt unterschreibt den Vertrag, 2021 die Bundesgartenschau auszurichten. Dazu wird das Gelände des ega aufwertet, u. a. soll ein Klimahaus entstehen.

Reisepraktisches von A–Z

ANREISE

MIT DEM AUTO

Erfurt ist vom Süden aus erreichbar über die A 71 (Erfurt–Schweinfurt), Abfahrt Erfurt-Bindersleben. Dort geht es rechts in die Eisenacher Straße und die Gothaer Straße Richtung Zentrum. Autos aus Richtung Westen nehmen die A 4, Ausfahrt Erfurt-West und biegen rechts auf die B 4, die ins Zentrum führt. Von Osten kommend, wählen sie die Abfahrt Erfurt-Ost und biegen links ab in Richtung Haarberg und weiter nach Erfurt-Zentrum.

MIT DER BAHN

Erfurt liegt an der Eisenbahnlinie von Frankfurt am Main nach Halle/Leipzig (ICE im Stundentakt) und der Schienenverbindung Ruhrgebiet–Kassel–Erfurt–Chemnitz sowie über Halle nach Berlin (jeweils IC im Zweistundentakt). So ist es aus diesen Richtungen kein Problem, mit dem IC oder ICE schnell in Thüringens Landeshauptstadt zu gelangen. Außerdem verkehrt eine CityNight-Line täglich nach Frankfurt am Main und Zürich.

MIT DEM FLUGZEUG

Die Stadt ist über den **Flughafen Erfurt-Weimar** gut zu erreichen. Der Airport liegt etwa 6 km westlich von Erfurt – das Zentrum der Stadt ist mit Auto oder Taxi in einer Viertelstunde gut zu erreichen. Angebunden ist der Flughafen aber auch an die öffentlichen Verkehrsmittel – mit der Stadtbahnlinie 4.

Auf www.atmosfair.de und www.myclimate.org kann jeder Reisende durch eine Spende für Klimaschutz-projekte für die CO_2-Emission seines Fluges aufkommen.

AUSKUNFT

IN ÖSTERREICH UND DER SCHWEIZ

Deutsche Zentrale für Tourismus
www.germany.travel
– Mariahilfer Str. 54, 1070 Wien • Tel. 01/15 13 27 92
– Talstr. 62, 8001 Zürich • Tel. 0 44/2 13 22 00 92

IN ERFURT

Erfurt Tourismus & Marketing

> Klappe vorne, d 3

Altstadt • Benediktsplatz 1 • Tram: Fischmarkt/Rathaus • Tel. 03 61/6 64 00 • www.erfurt-tourismus.de • April–Dez. Mo–Fr 10–19, Sa 10–18, So 10–16, Jan.–März Mo–Sa 10–18, So 10–16 Uhr

Thüringen Tourismus

> Klappe vorne, f 6

Die Tourismusinformation Thüringens gibt Auskunft über Erfurt und hat viele Ausflugtipps.
Altstadt • Willy-Brandt-Platz 1 • Tel. 03 61/3 74 20, Karten-Tel. 01 80/5 05 55 05 • www.thueringen-tourismus. de • Mo–Fr 9–19, Sa, So 10–16 Uhr

BUCHTIPPS

Alice Frontzek: Amor vincit omnia – Die Liebe überwindet alles (Blick Verlag 2012). Die Autorin nimmt ihre Leser mit ins 14. Jh. Sie gibt Einblick in die Lebensweise und erzählt eine christlich-jüdische Liebesgeschichte. Detailreich geht sie dabei auch auf den jüdischen Schatz ein.

Alice Frontzek: Mit der Erfurter Puffbohne auf Entdeckertour

(Blick-Verlag 2012). Dieser Kinderstadtführer ist ein schöner Begleiter auf vielen Spaziergängen durch die Altstadt.

Henry Köhlert: Der Hochzeitsring (Sutton 2011). Der historische Roman spielt im Mittelalter und erzählt eine Geschichte rund um den Hochzeitsring aus dem Erfurter Schatz. Er gibt Einblick in die Zeit kurz vor dem großen Judenpogrom.

André Kudernatsch: Das Beste an Erfurt ist die Autobahn nach Jena (Salier Verlag, 2010) Bissiges Buch mit Kolumnen über typisch Thüringisches: die Klöße, das Rennsteiglied oder die für den Autor eher langweilige Landeshauptstadt Erfurt.

Manfred Paasch: Literarische Spaziergänge durch Erfurt (Sutton 2011). Der Autor gibt interessante historische Einblicke, etwa dass Teile des Parzival in Erfurt spielen oder wo Meister Eckhart gewirkt hat.

CITYCARD

Erfurt

Für 48-Stunden-Aufenthalte in der Stadt empfiehlt sich die **ErfurtCard**. Sie kostet 14,90 € und gilt 2 Tage lang als Ticket für den öffentlichen Personennahverkehr. Nicht nur Bus und Bahn sind inklusive, sondern auch der Besuch der städtischen Museen sowie der Stadtrundgang »Erfurt – Faszination einer historischen Stadt erleben«. Darüber hinaus gewähren Theater und Schwimmbäder 10 % Rabatt beim Eintritt.

ThüringenCard

Wer Erfurt und Weimar im Doppelpack besucht, für den könnte sich die ThüringenCard lohnen. Sie kostet für drei Tage 36 € (Kinder 23 €) und bietet nicht nur freien Eintritt in die Museen in Thüringen, von Goethes Wohnhaus bis zu den Feengrotten, es sind auch 2 Std. in der Avenida-Therme im Preis inbegriffen. Sie ist zudem als Ein- und Sechstagekarte erhältlich (16/11 € bzw. 56/34 €).

DIPLOMATISCHE VERTRETUNGEN

Österreichisches Generalkonsulat
Dresden, An der Frauenkirche 12 • Tel. 0351/4817040

Schweizerisches Generalkonsulat
Dresden, Leipziger Str. 116 • Tel. 0351/894440

FEIERTAGE

1. Jan. Neujahr
Karfreitag, Ostermontag
1. Mai Tag der Arbeit
Christi Himmelfahrt
Pfingstmontag
3. Okt. Tag der Deutschen Einheit
31. Okt. Reformationstag
25. Dez. 1. Weihnachtsfeiertag
26. Dez. 2. Weihnachtsfeiertag

FESTE UND EVENTS

FEBRUAR

Karneval

Erfurt gilt als Hochburg der thüringischen Narren. Rund 2500 Feierwütige ziehen am Sonntag vor Rosenmontag vom Domplatz aus durch die Straßen, begleitet von mehr als 80 Festwagen. Der Umzug startet um 13 Uhr. Straßenbahnen meiden an diesem Tag das Zentrum und fahren nach Sonderfahrplänen.
Sonntag vor Rosenmontag • www.erfordia-helau.de

APRIL

Walpurgisnacht

Nicht nur im Harz wird die Walpurgisnacht groß gefeiert, sondern auch in Erfurt. Die Thüringer setzen am Abend des 30. April einen großen Maibaum auf den Domplatz. Gegen 21 Uhr beginnt dann das Hexenspektakel mit skurrilem Tanz, verkleideten Hexen und einem großen Reigen ums Maifeuer. Mit von der Partie sind viele Livebands.

30. April • www.erfurt.de

MAI
Lange Nacht der Museen

Rund 30 Museen und Galerien öffnen ihre Türen und bieten oft spezielle Führungen an oder zeigen Sonderausstellungen und ansonsten für die Öffentlichkeit nicht zugängliche Räume. Sie präsentieren auch spezielle Programme für jugendliche Museumsbesucher.

Mitte/Ende Mai • www.erfurt.de/museumsnacht • Tickets 7 €, Kinder 6 €, Familienkarte 21 €

Deutsches Kinder-Medien-Festival Goldener Spatz

Jedes Jahr im Mai findet ein einzigartiges Kinder-Medien-Festival in Erfurt statt. Dann beurteilt eine Kinder-Jury Filme, Fernsehsendungen und Internetseiten und vergibt »Den Goldenen Spatz« – eine Art Oscar der Kinderfilmindustrie. Diese Tradition, die besten Kinderfilme zu küren, hat ihre Wurzeln in der DDR. Heute laufen während des Festivals in den Kinos besondere Kinderfilme, und mit etwas Glück lernt man die Hauptdarsteller persönlich kennen.

Ende Mai • www.goldenerspatz.de

JUNI
Krämerbrückenfest

Das größte Altstadtfest Thüringens wurde erstmals 1975 veranstaltet und findet immer am dritten Wochenende im Juni statt. Es beginnt am Freitag und verwandelt die Erfurter Altstadt in eine einzige Bühne. Straßentheater, Livebands, Kleinkünstler, Aktionen für Kinder. Gaukler ziehen umher und unterhalten die Gäste. Besonderer Höhepunkt ist der **Mittelaltermarkt**, bei dem Thüringer Handwerker ihre Erzeugnisse rund um die Krämerbrücke präsentieren. Dazu gibt es als Rahmenprogramm Schwert- und Schaukämpfe, Possenspiele und Auftritte von Bänkelsängern. Zu den Highlights zählt zudem das angegliederte **New Orleans Music Festival**.

3. Wochenende im Juni • www.erfurt.de

JULI
Internationales Folklorefestival Danetzare

An fünf Tagen wird Erfurt zum Zentrum für außergewöhnliche Musik fremder Kulturen: Dann findet das Internationale Folklorefestival statt. Ensembles aus Südamerika, Afrika und Asien zeigen ihr Können rund um den Fischmarkt und den Anger, aber auch der egapark gehört zu den Aufführungsstätten. Im Mittelpunkt der Festivität stehen traditionelle Tänze in bunten Trachten. Die Veranstaltung endet schließlich mit einem großen Umzug.

Anfang Juli • www.danetzare.de

AUGUST
egapark Lichterfest

Wenn die Tage wieder kürzer werden, steigt im egapark das beliebte Lichterfest. Dann strahlt der Park im Glanze Tausender Fackeln, Kerzen und Laternen. Bäume und Beete sind in vielen Farben illuminiert, und auf den Wasseroberflächen tan-

zen Lichter. Ein ausgesprochen romantischer Anblick. Das Lichterfest endet mit einem großen Feuerwerk.
Mitte Aug. • www.erfurt-tourismus.de, www.egapark-erfurt.de

Domstufen-Festspiele

Jedes Jahr im August und September steht die Stadt ganz im Zeichen besonderer Aufführungen – der Domstufen-Festspiele. Dann verwandeln sich die Treppen des Mariendoms und der Severikirche zur Kulisse für eine Open-Air-Musikaufführung. Das kann eine Mozart- oder Wagneroper sein, die »Carmina Burana« von Carl Orff, ebenso gut aber auch ein modernes Musical. Die Festivalzeit dauert drei Wochen, gespielt wird ein Stück. Für Kinder gibt es eigene Nachmittagsvorführungen, sie nennen sich »Domino«.
3 Wochen Mitte Aug.–Anfang Sept. • www.domstufen.de

SEPTEMBER

Cerealienmarkt

Mitte September startet in Erfurt der Cerealienmarkt, benannt nach der römischen Göttin Ceres, die für den Ackerbau zuständig ist. Auf dem Domplatz bieten Gärtner Blumen für die Winterbepflanzung feil – kostenlose Beratung inklusive.
Mitte Sept. • www.erfurt-tourismus.de

OKTOBER

Erfurter Herbstlese

Eines der größten Literaturfestivals Deutschlands startet Ende Oktober in Erfurt – die Herbstlese lockt prominente deutsche Autoren wie Nachwuchstalente nach Thüringen. Zu den Höhepunkten gehören das Literarische Quartett und die Ab-

schlussveranstaltung. Ausrichter ist der Literaturverein Erfurter Herbstlese. Einen kleinen Ableger des Festivals gibt es im Frühjahr.
Okt.–Dez. • Innenstadt • www.herbstlese.de

Jazzmeile Erfurt

Im Oktober steigt ein großes und weit über die Grenzen Thüringens hinaus bekanntes Jazzfestival – die Jazzmeile Thüringen. Das Musikfest dauert bis in den November, manchmal sogar bis in den Dezember hinein. Dann gibt es in Erfurt und anderen Thüringer Städten viele Jazzkonzerte und Workshops zu dieser Musikrichtung.
Okt.–Nov./Dez. • www.jazzmeile.org

NOVEMBER

Martinsfeier

Tausende Erfurter ziehen am 10. November bei Einbruch der Dunkelheit auf den Domplatz. Mit einer ökumenischen Feier begehen sie den Vorabend des Martinstags. Immerhin ist der Erfurter Stadtpatron der hl. Martin von Tours. Zudem hat Martin Luther in Erfurt gelebt, seiner wird ebenfalls mit diesem Gottesdienst gedacht. Rund um den Martinstag gibt es in Erfurt besondere Spezialitäten, beispielsweise die Martinshörnchen, und es leuchten vielerorts die Martinslaternen.
10. Nov. • Domplatz • www.erfurt.de

DEZEMBER

Weihnachtsmarkt

Der Weihnachtsmarkt in Erfurt ist der drittgrößte in Deutschland. Besondere Attraktion des Marktes ist die 12 m hohe erzgebirgische Weihnachtspyramide, aber auch die immer rund 20 m hohe Weihnachts-

tanne und die Weihnachtskrippe mit ihren 14 handgeschnitzten riesigen Holzfiguren sind sehenswert. Eröffnet wird der Weihnachtsmarkt Ende November.
Adventszeit (So–Mi 10–20, Do–Sa 10–21 Uhr) • www.erfurt.de

GELD
Kreditkarten werden allgemein akzeptiert, vor allem VISA und MasterCard. Auch mit EC-Karte kann man in den meisten Geschäften bezahlen. Kleinere Kneipen, Cafés und Pensionen bestehen bisweilen auf Barzahlung. In Erfurt gibt es ein gutes Netz von Bankautomaten.

KARTENVORVERKAUF
DasDie   ▸ Klappe vorne, c 5
DasDie, ein Veranstaltungs- und Kongresszentrum, organisiert Theater, Oper und Kabarett in der Oper, im Brettl und in DasDie-Live.
Altstadt • Lange Brücke 29 • Tram: Lange Brücke • Karten-Tel. 03 61/ 55 11 66 • www.dasdie.de • Feb.–Aug. Mo–Fr 11–18, Sept.–Jan. Mo–Fr 10–18, Sa 10–13 Uhr

Erfurt Tourismus und Marketing
▸ Auskunft, S. 118

Thüringen Tourismus
▸ Auskunft, S. 118

LINKS
www.blitz-world.de
»Blitz« heißt das Stadtmagazin für Erfurt, Jena und Weimar. Auf der Website finden sich viele Veranstaltungstipps (auch zu Dresden, Leipzig etc.).
www.erfurt.de
Die offizielle Seite der Landeshauptstadt – mit allen wichtigen Infos und oft ausführlicher als die Seite des Tourismusverbandes.
www.thueringer-allgemeine.de
Über die Neuigkeiten aus der Thüringer Hauptstadt berichtet die Lokalzeitung täglich auf ihrer Internetseite.
www.salve-tv.net
Salve ist der regionale Fernsehsender für Erfurt. Auf seiner Internetseite finden sich kleine Filme mit Neuigkeiten aus der Stadt.
www.erfurt-lese.de
Literarische Seite des Bertuch Verlages über Erfurt.

MEDIZINISCHE VERSORGUNG
KRANKENVERSICHERUNG
Für Österreicher oder Schweizer genügt eine Europäische Versicherungskarte (EHIC). Als zusätzlicher Versicherungsschutz empfiehlt sich der Abschluss einer Auslandskrankenversicherung, da dort Rücktransporte mit abgedeckt werden.

Klima (Mittelwerte)	JAN	FEB	MÄR	APR	MAI	JUN	JUL	AUG	SEP	OKT	NOV	DEZ
Tages-temperatur	2	3	8	13	18	21	23	23	19	13	7	3
Nacht-temperatur	-3	-4	-1	3	7	11	13	12	9	5	2	-2
Sonnen-stunden	2	3	4	5	7	7	7	6	5	3	2	1
Regentage pro Monat	15	15	13	14	14	13	14	13	13	14	15	15

KRANKENHAUS
Helios Klinikum Erfurt

📙 nordwestl. A 1

Andreasvorstadt • Nordhäuser Str. 74 •
Tram: Klinikum • Tel. 03 61/78 10 •
www.helios-kliniken.de

APOTHEKEN
Die Apotheken der Landeshauptstadt sind in der Regel Mo–Fr von
8–18.30 und Sa von 9–16 Uhr geöffnet. Eine Apotheke mit längeren
Öffnungszeiten:

Apotheke im Hauptbahnhof

▶ Klappe vorne, f 6

Altstadt • Willy-Brandt-Platz 12 • Tram:
Hauptbahnhof • Tel. 03 61/3 45 35 19 •
www.apothekeimhauptbahnhof.de •
Mo–Fr 7–20, Sa 8–14 Uhr

NOTFALLAMBULANZEN
Kassenärztlicher Notfalldienst

📙 nordwestl. A 1

Andreasvorstadt • Nordhäuser Str. 74 •
Tel. 03 61/7 81 48 33, 7 81 48 34 • Mo–
Fr 19–7, Sa, So 0–24 Uhr

NEBENKOSTEN
1 Tasse Kaffee......................1,90
1 Bier (0,3 l).......................2,20
1 Cola (0,2 l).......................2,30
1 Kugel Eis.........................1,00
1 Bratwurst.........................1,90
1 Schachtel Zigaretten.............5,00
1 Liter Benzin 1,22
Taxifahrt pro km 2,20
Fahrradmiete/Tag .... ab 9,00
Öffentl. Verkehrsmittel
   (Einzelfahrt).....................1,80
Mietwagen/Tag (inkl. km)....ab 70,00

NOTRUF
Euronotruf: Tel. 112
(Polizei, Feuerwehr und Rettungs-
dienst)

POST
Briefmarken gibt es in Postfilialen und
im Einzelhandel mit Postverkaufs-
stelle. Eine Postkarte nach Österreich
und in die Schweiz kostet 0,65 €.

REISEDOKUMENTE
Österreicher und Schweizer können
mit einem gültigen Reisepass oder
Personalausweis/Identitätskarte ein-
reisen. Kinder unter 16 Jahren müssen im Pass der Eltern eingetragen
sein oder benötigen einen eigenen
Kinderausweis.

REISEWETTER
Die beste Reisezeit für Erfurt sind
der Mai/Juni oder Ende August bis
Anfang Oktober. Dann ist die Stadt
nicht mit Besuchern überfüllt, und
auch an den Museen bilden sich
keine Schlangen – aber es ist häufig
schon bzw. noch warm genug für einen Kaffee draußen.

STADTFÜHRUNGEN
Erfurt Tourismus   ▶ Klappe vorne, d 3
Größter Anbieter von Stadtführungen in Erfurt (▶ Auskunft, S. 118).
Hier wird die Stadt oft besonders
schön inszeniert, etwa bei Fackel-
rundgängen durch die Kasematten
auf dem Petersberg. Voller Humor
sind die szenischen Führungen, beispielsweise mit einem kauzigen Erfinder, der seine Besucher in geheim-
nisvolle Winkel führt oder auf den
Spuren mysteriöser Kriminalfälle
wandelt. Im Sommer ist die Tour auf
dem Wasser im Kanu ein besonderes
Erlebnis.
Aber auch in einem historischen
Straßenbahnwagen sind Rundfahr-
ten möglich. Es gibt eine Stadtführung im Bus ebenso wie mit dem
Fahrrad. Wer nicht mehr ganz so

mobil ist, kann auch eine mit dem Elektroscooter buchen.

K3

Der Anbieter K3 hat sich auf besondere Führungen zu einem speziellen Thema fokussiert. Er bietet eine Fahrradtour ebenso an wie einen architektonischen Rundgang. Oder die Besucher wandeln auf den Spuren von Martin Luther oder Lyonel Feininger. Besonders schön ist die Führung durch das musikalische Erfurt. Sie weiht in die Welt der Kirchenmusik ein.
Tel. 03 61/2 12 74 11 • www.stadt fuehrungen-in-erfurt.de

Kinderführung ▸ Klappe vorne, c 3
Junge Entdecker führt der Drache Friedel durch die Alte Synagoge Erfurt. Mitgebracht hat er seinen Reisekoffer samt Kompass, eine Synagoge aus Stoff und sogar Duftproben. Mit diesem Koffer geleitet er die Kinder zum Schatz.
Altstadt • Alte Synagoge • Waagegasse 8 • Tram: Fischmarkt/Rathaus • Tel. 03 61/6 55 16 66 • www.alte-synagoge.erfurt.de

Lokaltermin ▸ Klappe vorne, b 5
Der Anbieter hat ein breites Spektrum an interessanten Führungen, etwa zum jüdischen Leben oder zum Thema Luther in Erfurt.
Altstadt • Domstr. • Tram: Dom • Tel. 0 36 43/77 72 10 • www.lokal termin-reisen.de

Theaterspaziergang
▸ MERIAN Tipp, S. 15

Verein Erfurter Gästeführer
Wann hat Adam Ries eigentlich in der Stadt seine Rechenbücher geschrieben, und was hat Johann Sebastian Bach gemacht? Wo findet man noch Spuren des Waidhandels in Erfurt? Fragen wie diese beantworten die besonderen Stadtführungen des Vereins Erfurter Gästeführer.
Tel. 03 61/2 25 77 11 • www.erfurt-fuehrungen.de

TELEFON
VORWAHLEN
A, CH ▸ Deutschland 00 49
Deutschland ▸ A 00 43
Deutschland ▸ CH 00 41
Erfurt 03 61

TIERE
Hunde und Katzen aus Österreich und der Schweiz benötigen zur Einreise einen EU-Heimtierausweis bzw. einen Schweizer Heimtierausweis (stellt der Tierarzt aus) mit Nachweis einer Tollwutimpfung. Zudem muss das Tier per Mikrochip identifizierbar sein. Für Hunde und Katzen aus der Schweiz ist grundsätzlich eine Gesundheitsbescheinigung erforderlich, die der Tierarzt ausstellt.

VERKEHR
AUTO
Erfurts Altstadt ist für Autofahrer ziemlich unübersichtlich mit ihren vielen Fußgängerzonen und Einbahnstraßen. Deswegen hat die Stadt ein eigenes Parkleitsystem eingeführt, mit dem die Autofahrer leichter einen Parkplatz im Parkhaus finden. Dort sind auch die Auslastungen angegeben. Große Parkhäuser finden sich am Dom und am Anger sowie am Hauptbahnhof.

MIETWAGEN
Avis
Tel. 0 18 05/2 177 02 • www.avis.de

Europcar
Tel. 01 80/5 80 00 • www.europcar.de

Hertz
Tel. 0 18 05/33 35 35 • www.hertz.de

Sixt
Tel. 0 18 05/25 25 25 • www.sixt.de

ÖFFENTLICHE VERKEHRSMITTEL

Das Netz der öffentlichen Verkehrsmittel wird in Erfurt von den Erfurter Verkehrsbetrieben geführt (EVAG). Dabei stehen sechs Straßenbahnlinien der Stadtbahn zur Verfügung sowie insgesamt 22 Buslinien. An den Wochenenden verkehren vier Nachtbuslinien vom Zentrum aus in die Vorstädte, von 1–4.30 Uhr.
Eine Einzelfahrt in Erfurt kostet 1,80 €, für eine Tageskarte bezahlt man 4,20 €. Seit dem Jahr 2006 sind zudem die Städte Erfurt, Jena und Weimar zu einer Tarifgemeinschaft zusammengeschlossen und bieten den City-Regio-Tarif an. Dieser Tarif wird in mehreren Stufen bereitgestellt, Weimar und Erfurt etwa kosten zusammen ab 2,40 €.
An den den Einfallstraßen gibt es kostenlose Park+Ride-Plätze.

EVAG-Center am Anger
– Fahrplan/Tarifauskunft: Tel. 03 61/ 194 49 • www.stadtwerke-erfurt.de
– SMS-Fahrplanauskunft: Tel. 0175/2 22 22 77 (eine SMS mit Haltestellen-Namen oder -Code senden)
– Auskunft und Beratung: Altstadt • Schlösserstr. 4 • Tram: Anger • Mo–Fr 7–19, Sa 10–15 Uhr
– Verkehrslinienplan ▶ Klappe hinten

TAXI

Der Taxi-Grundpreis in Erfurt beträgt 2,20 €. Der Kilometer kostet werktags von 5–22 Uhr 2 €, ab dem dritten Kilometer sind dann 1,45 € zu berappen. Die Anfahrt zum Bestellort des Taxis wird nicht mitberechnet.

Taxi-Service Erfurt
Tel. 03 61/3 46 10 10

ZEITUNGEN

Die große Tageszeitung für Erfurt ist die »Thüringer Allgemeine« (www. thueringer-allgemeine.de). Das Blatt wird in der Zeitungsgruppe Thüringen (ZGT) gemacht, die zur WAZ-Mediengruppe gehört.
Neben der Tageszeitung informiert das Stadtmagazin »Blitz« monatlich über Veranstaltungen in Erfurt (www.blitz-world.de). Zudem gibt die Tourismusinformation noch das monatlich erscheinende »Erfurt-Magazin« mit vielen Veranstaltungstipps heraus (www.erfurt-magazin. info).

ZOLL

Reisende aus Österreich dürfen Waren abgabefrei mit nach Hause nehmen, wenn diese für den privaten Gebrauch bestimmt sind. Gewisse Richtmengen sollten jedoch nicht überschritten werden (z. B. 800 Zigaretten, 90 l Wein, 10 kg Kaffee). Weitere Auskünfte erhalten Sie unter www.bmf.gv.at/zoll.
Reisende aus der Schweiz dürfen Waren im Wert von 300 SFr abgabenfrei mit nach Hause nehmen, wenn diese für den privaten Gebrauch bestimmt sind. Tabakwaren und Alkohol fallen nicht unter diese Wertgrenze und bleiben in festgelegten Mengen abgabefrei (z. B. 200 Zigaretten). Weitere Auskünfte unter www.zoll.ch.

Orts- und Sachregister

Wird ein Begriff mehrfach aufgeführt, verweist die **halbfett** gedruckte Zahl auf die Hauptnennung. Abkürzungen: Hotel [H], Restaurant [R]

Liebe Leserinnen und Leser,
vielen Dank, dass Sie sich für einen Titel aus unserer Reihe MERIAN *live!* entschieden haben. Wir freuen uns, Ihre Meinung zu diesem Reiseführer zu erfahren. Bitte schreiben Sie uns an merian-live@travel-house-media.de, wenn Sie Berichtigungen und Ergänzungen haben – und natürlich auch, wenn Ihnen etwas ganz besonders gefällt.
Alle Angaben in diesem Reiseführer sind gewissenhaft geprüft. Preise, Öffnungszeiten usw. können sich aber schnell ändern. Für eventuelle Fehler übernimmt der Verlag keine Haftung.

© 2015 TRAVEL HOUSE MEDIA
   GmbH, München
MERIAN ist eine eingetragene Marke der GANSKE VERLAGSGRUPPE.

1. Auflage

Alle Rechte vorbehalten. Nachdruck, auch auszugsweise, sowie die Verbreitung durch Film, Funk, Fernsehen und Internet, durch fotomechanische Wiedergabe, Tonträger und Datenverarbeitungssysteme jeglicher Art nur mit schriftlicher Genehmigung des Verlages.

BEI INTERESSE AN DIGITALEN DATEN AUS DER MERIAN-KARTOGRAPHIE:
kartographie@travel-house-media.de

BEI INTERESSE AN MASSGESCHNEI-DERTEN MERIAN-PRODUKTEN:
Tel. 0 89/4 50 00 99 12
veronica.reisenegger@travel-house-media.de

BEI INTERESSE AN ANZEIGEN:
KV Kommunalverlag GmbH & Co KG
Tel. 0 89/9 28 09 60
info@kommunal-verlag.de

TRAVEL HOUSE MEDIA
Postfach 86 03 66
81630 München
merian-live@travel-house-media.de
www.merian.de

VERLAGSLEITUNG
Dr. Malva Kemnitz
REDAKTION
Sylvia Hasselbach
LEKTORAT UND SATZ
bookwise, München
BILDREDAKTION
Tobias Schärtl
HERSTELLUNG
Gloria Schlayer, Bettina Häfele
REIHENGESTALTUNG
La Voilà, Marion Blomeyer & Alexandra Rusitschka, München und Leipzig
(Coverkonzept, Ergänzungen Innenteil)
Independent Medien Design, Horst Moser, München (Innenteil)
KARTEN
Kunth Verlag GmbH & Co. KG für MERIAN-Kartographie
DRUCK UND BINDUNG
Firmengruppe APPL, aprinta druck, Wemding

Ein Unternehmen der
GANSKE VERLAGSGRUPPE

PEFC/04-32-0928

BILDNACHWEIS
Titelbild (Am Domplatz): laif: G. Knoll
Bildagentur Huber: R. Schmid 94/95, Szyszka 2, 48/49, 72, 82, 109 • BORN Senf & Feinkost GmbH 35 • ddp*images 66, J. Koch 68, C. Welz 88 • dpa picture alliance 59, 105, J.-U. Koch 11, U. Gerig 16, 84 • egapark 13 • Forum Konkrete Kunst, Erfurt 17, 90 • fotolia.com: drsg98 80, eyetronic 60, Andrea Seemann 56, Tobilander 46 • Gemeinfrei 116r, 117l, 117r • Glow Images: H. P. Szyszka/Novarc Images 6, 74 • imago 38, PEMAX 32, VIADATA 78 • JAHRESZEITEN VERLAG: M. Wicher 24 • laif: J. Glaescher 26 • laif: T. Babovic 7u, 28, 97 • look-foto: R. Schultheiß 7o, 114 • M. Hoffmann 14, 30, 40, 50, 86, 92, 112/113 • M. Krummrich 9 • Mandala Beach 70 • mauritius images: alamy 4, 64, imagebroker 103, H. Schön 18/19 • Mitspieltheater Die Schotte 44 • P. Seidel 7m • Shutterstock 76, 116l • theaterfirma 15, 42 • Wishproject 36 • YourPhotoToday: E. Bach 62 • Zumnorde 20